埼玉学園大学研究叢書 第5巻

Intercultural Moving of
Adults and Cultural Identity
A Case of Intercultural Marriage

成人期の文化間移動と文化的アイデンティティ

● 異文化間結婚の場合

鈴木一代 著
Kazuyo Suzuki

ナカニシヤ出版

はしがき

　グローバル化に伴い，文化間における人々の移動が頻繁におこなわれている。そのような状況のなかで，世界各地で，異文化間結婚（国際結婚）の著しい増加が報告されている。日本においても，異文化間結婚は一般化の時代を迎えており，家族・親族や友人・知人のなかに，異文化間結婚者がいることも珍しくなくなっている。

　著者は，異文化間結婚がまだ現在ほど多くなかった1990年代の初頭から，異文化間結婚者やその家族の研究にかかわってきた。当初の目的は，異文化結婚家族（国際家族）の子どもたち（国際児）の言語・文化の習得や文化的アイデンティティ形成を明らかにすることだったが，そのなかで，日本で生まれ，育ちながら，異文化間結婚によって，配偶者の出身地に居住することになった日本人女性たちの異文化適応過程や（文化的）アイデンティティ形成に関心をもつようになった。インドネシアでは，現地の男性と結婚し，日本からインドネシアに文化間移動をした，日本人女性の異文化適応やアイデンティティ形成について縦断的なフィールドワークをおこなってきた。約20年が経過し，それらの日本人女性たちも，40代後半〜60代に到達しようとしている。その間の研究成果のいくつかは国内外の学会で発表したり，大学の紀要論文としてまとめた。また，1990年代後半には，戦後間もないころ，進駐軍の兵士等と結婚し，米国・豪州に文化間移動をした日本人女性，いわゆる"戦争花嫁"を対象とした科学研究費補助金（文部科学省）による研究プロジェクトに参加する機会を得，当時，すでに60代から70代に達していた"戦争花嫁"への聞き取り調査をおこなった。さらに，最近では，明治安田こころの健康財団の研究助成によって，日本人男性と結婚し，日本国内に居住する外国人女性を対象に面接調査を実施した。

　本書は，1991年より開始した，インドネシアにおけるフィールドワークの研究成果を中心に，米国・豪州在住の"戦争花嫁"についての調査結果，さらに，

日本在住の異文化間結婚外国人女性への面接調査結果を加え，成人期に文化間移動をした異文化間結婚女性の文化的アイデンティティに焦点をあててまとめたものであり，このたび，埼玉学園大学の出版助成により，埼玉学園大学研究叢書の一冊として刊行することになった。

 本書の知見が，成人期の発達，特に文化間移動にともなうアイデンティティ形成や文化的アイデンティティ形成の解明に貢献するとともに，異文化間結婚者自身の文化的アイデンティティ形成や異文化間結婚者に対する理解につながれば大変幸いである。

 本書に出版助成をいただいた埼玉学園大学，本書の出版を快くお引き受けいただいたナカニシヤ出版および編集担当の宍倉由高氏，山本あかね氏にこころからお礼を申しあげる。

 最後に，調査や本書の出版にご協力いただいた多くのみなさまに深く感謝したい。

2011年秋

著　者

目　次

はしがき　i

序　論 ———————————————————————— 1

第 I 部
インドネシア在住の異文化間結婚女性と文化的アイデンティティ

第 1 章　異文化間結婚者の文化間移動と再社会化 ——————— 19
　　1．はじめに　19
　　2．調査の概要　20
　　3．文化間移動と再社会化　21
　　　　3.1　再社会化の様相と類型　21
　　　　3.2　再社会化に影響を及ぼす要因　24
　　　　3.3　日本人，ドイツ語圏出身者，英語圏出身者の比較
　　　　　　－日本人女性の特徴　25
　　4．まとめ　27

第 2 章　異文化間結婚者の国籍変更と文化的アイデンティティ ——— 30
　　1．はじめに　30
　　2．調査の概要　31
　　3．国籍変更とその理由　33
　　4．国籍変更に至るプロセス　－事例研究　36
　　5．国籍変更と文化的アイデンティティ　40
　　6．まとめ　42

第3章　異文化間結婚者の文化間移動と文化的アイデンティティ ―― 44

1．はじめに　44
2．調査の概要　45
3．二つの文化とアイデンティティ形成　46
　3.1　共通事例　46
　3.2　アイデンティティ形成のプロセス　51
4．文化的アイデンティティのゆらぎのメカニズム　54
　4.1　事例と考察　54
　4.2　事例全体の考察　57
5．まとめ　60

第4章　成人期の文化間移動と生涯発達への影響 ―― 63

1．はじめに　63
2．調査の概要　66
3．文化間移動における「ずれ」と「折り合い」の様相　67
4．「ずれと折り合い」体験の生涯発達への影響　69
　4.1　ものの見方の変化と視野の広がり
　　　　―多様な考え方や価値観についての認識　69
　4.2　「ずれ」の受け取り方の個人差
　　　　―肯定的な場合と否定的な場合　70
　4.3　大き過ぎる「ずれ」による危機　71
5．文化間移動をしたことへの評価　72
　5.1　移動先に生活の基盤ができあがっている例　72
　5.2　移動先の文化との相性の方がよい例　73
　5.3　移動先で自己表現が可能になった例　74
　5.4　移動先で外国人として気楽に生活している例　74
6．まとめ　76

第Ⅱ部
米国・豪州在住の異文化間結婚女性と文化的アイデンティティ

第5章 "戦争花嫁"の文化的アイデンティティ ——————81
  1．調査の概要　82
  2．"戦争花嫁"の事例とライフヒストリー　83
　　 2.1　事例とライフヒストリー　83
　　 2.2　"戦争花嫁"の特徴　92
  3．"戦争花嫁"の意識　94
　　 3.1　回答者の属性　94
　　 3.2　異文化間結婚への評価　95
　　 3.3　生活への満足度　98
  4．二つの国・文化と文化的アイデンティティ　99
  5．まとめ　105

第Ⅲ部
日本在住の異文化間結婚外国人女性と精神的健康，文化的アイデンティティ，言語・文化の継承

第6章 異文化間結婚者の異文化適応と精神的健康 ——————111
  1．調査の概要　111
  2．異文化出身の妻の適応と精神的健康　116
　　 2.1　日本人男性との結婚についての評価　116
　　 2.2　全般的な生活への満足度　118
　　 2.3　心配事，不安，悩み　119
　　 2.4　友人関係　120
  3．困難や問題　120
　　 3.1　日本社会の問題　120
　　 3.2　夫婦や家庭の問題　122
　　 3.3　子どもの養育・教育に関する問題　123

4．事例の検討と支援　125
　　　5．まとめ　129

第7章　異文化間結婚外国人女性の文化的アイデンティティと言語・文化の継承 ——————————————————133
　　1．調査の概要　133
　　2．日本人と結婚した外国人女性の文化的アイデンティティ　135
　　　2.1　事例の概要　135
　　　2.2　母国人としての意識と国籍変更についての気持ち　137
　　　2.3　日本および母国への気持ち　138
　　　2.4　「異文化間結婚（国際結婚）」に対する態度　141
　　　2.5　日本在住の異文化間結婚女性の文化的アイデンティティ　142
　　3．日本人と結婚した外国人女性と言語・文化の継承　144
　　　3.1　日系国際児の特徴と家庭の言語使用　146
　　　3.2　事例の検討　148
　　　3.3　日本在住の異文化間結婚女性と言語・文化の継承　155
　　4．まとめ　158

結　論 ——————————————————163

初出一覧　173
索　引　175

序　論

　民族，人種，文化，宗教，階級，国籍などが異なる男女間の結婚は，包括的に，「インターマリッジ（intermarriage）」と呼ばれ（Nitta, 1988；新田，1997），そのなかの下位形態の一つが「異文化間結婚（intercultural marriage）」である。異文化間結婚は，異なる文化的背景をもつ男女間の結婚を意味するが，日本では，さまざまな結婚形態を区別することなしに，国籍等の違う者同士の結婚を漠然と「国際結婚」という言葉で表現している。"Cross-cultural marriage"（Breger & Hill, 1998）の訳者である吉田（2005）は，英語圏において，いわゆる「国際結婚」に，"cross-cultural marriage" あるいは "intercultural marriage" が使用される傾向が見られることからも，「国際結婚」よりも，異なった文化や価値観をもった者同士の生活の営みを強調する「異文化結婚（cross-cultural marriage/intercultural marriage）」という呼称を推奨している。本書では，文化的背景の違いに焦点をあてるために，基本的に，「異文化間結婚（intercultural marriage）」を用いるが，日本で広く普及している「国際結婚」の方がわかりやすいと考えられる場合には，「国際結婚」を使用することもある。

（1）　日本人がかかわる異文化間結婚と現状

　日本人の「国際結婚」は，日本人と外国人の結婚が法的に認められた，太政官布告第103号（内外民婚姻条規）が布告された，明治6年（1873年）に始まった（それまでの「国際結婚」は正式な結婚ではなかった）。その時点から現在に至るまで，日本の「国際結婚」の変遷は，次の4つの時期に分けられる（鈴木，2000，2008）[1]。

<第Ⅰ期「国際結婚のあけぼの」(明治時代初期～第二次世界大戦)>
「国際結婚」は制度化されたが,血統重視のために歓迎されなかったし,外国人と結婚した日本人女性は国籍を失った。国際結婚は特殊なものであり,ごく一部の人に限られていた。

<第Ⅱ期「国際結婚の先駆け－"戦争花嫁"」(第二次世界大戦後～1960年頃)>
終戦後,占領軍として日本にやってきた外国人男性と日本人女性との間で結婚がおこなわれるようになった。敗戦国の女性と戦勝国の男性との結婚は,多くの場合,周囲から歓迎されなかった。1950年には,国籍法の改正により,日本人女性が外国人男性と結婚しても日本国籍を喪失しなくてもすむようになるが,その子どもは,父親の国籍(外国籍)しか取得できなかった[2]。

<第Ⅲ期「国際結婚の拡大」(1960年頃～1985年頃)>
経済,文化,教育などの各方面で積極的な国際交流がおこなわれるようになり,1965年には,総婚姻数の約0.4%だった「国際結婚」は,1980年代に入ると,総婚姻件数の1%を越えるようになり,一般の人々の間にだんだんと広がっていく。しかし,周囲には必ずしも容易に受け容れられない場合も多かった。1975年頃を境に,「国際結婚」の主流が,日本人女性と外国人男性の婚姻から日本人男性と外国人女性の婚姻へと変化していく。また,1985年には,新国籍法が施行され,母親が日本人の場合でも子どもは日本国籍を取得することが可能になった。

<第Ⅳ期「農村の国際見合い結婚と国際結婚の一般化」(1986年以降)>
1986年に,初めて,フィリピン人女性2人が山形県朝日町の農村に嫁いで以来,農村の日本人男性とアジア人女性との国際見合い結婚が急増していく。他方,国際化に伴い,「国際結婚」も比較的自然な形でおこなわれ,受け入れられるようになる。

日本人の「国際結婚」が一般化の時期に入ってから,25年余りが経過したが,近年,異文化間結婚はますます身近なものとなってきている。日本国内において,夫婦の一方が外国籍である婚姻件数の比率は,1989年に総婚姻件数の3%を超え,2000年以降は,4.5%から6.1%(16～22組に1組)を推移している(人口動態統計,以下同様)。すでに述べたように,当初は,夫が外国人で妻が日

本人の組合せが多かったが，1975年ごろから，夫が日本人で妻が外国人の組合せが増加していき，1980年代の後半からは，7割から8割を占めるようになった。2009年における，外国人妻の国籍は，中国（47.6％），フィリピン（21.5％），韓国・朝鮮（15.4％），タイ（4.6％），ブラジル（1.0％），米国（0.7％），ペルー（0.3％），英国（0.2％），その他（8.7％），外国人夫の場合は，韓国・朝鮮（24.6％），中国（12.9％），米国（19％），英国（4.8％），ブラジル（3.8％），フィリピン（2.0％），ペルー（1.2％），タイ（0.8％），その他の国が31.0％であり，日本人の外国人配偶者には，アジア圏出身者が圧倒的に多いが，国籍の多様化が最近の傾向である。また，総婚姻件数に占める，夫婦の一方が外国籍である国際結婚の比率を都道府県別に見ると，東京都が7.6％で最も高く，千葉県（6.7％），愛知県（6.4％），山梨県（6.3％），長野県（6.1％），神奈川県と埼玉県（各6.0％），群馬県（5.9％），岐阜県（5.7％）と続き，首都圏では国際結婚の割合が高いことがわかる。さらに，国際結婚の比率が全国平均の4.9％（2009年）よりも高い都市は，東京区部（8.2％），名古屋市（7.8％）大阪市（7.5％），千葉市（7.1％），横浜市（6.2％），川崎市（5.6％），神戸市（5.4％），さいたま市（5.2％），浜松市（5.1％）である。他方，海外における日本人の国際結婚も増加傾向にある。1986年には，海外での婚姻総数の59.5％が国際結婚だったが，2009年には83.5％に上昇している[3]。また，妻が日本人で夫が外国人の場合が，夫が日本人で妻が外国人よりも多く，90年代後半からは8割を超え，2009年には85.4％になっている[4]。すなわち，日本人がかかわる異文化間結婚には，女性が日本人の場合と男性が日本人の場合とがあるが，日本国内では，日本人男性と外国人女性の組合せが多く，海外では，日本人女性と外国人男性の組合せが圧倒的に多いという特徴があることがわかる。

異文化間結婚者の居住地（国）については，基本的に，3つの可能性がある。①どちらかの配偶者の出身国に居住する，②①以外の国に居住する，③二国（夫婦の出身国）間を頻繁に移動する（二国間移動型）である[5]。①の場合には，文化間移動をする配偶者としない配偶者がいるが，文化間移動をした配偶者は，異なる文化・社会のなかで生活していかなければならないので，一般的により多くの負担を強いられることが予想される。②については，互いに外国人とし

て生活することになるので，両者は，異文化（居住国）に対しては平等な立場でかかわることになるし，互いの親族が身近にいないという点で，負担が軽減される場合もある。しかし，両者とも新しい文化には不慣れなために①とは異なる困難も推察される。どちらかの配偶者の出身国に居住しても，それ以外の国に居住しても，また，二国間移動型であっても，異文化間結婚者は，結婚当初から二つ以上の文化が存在するなかで生活することになる。日本人がかかわる異文化間結婚においては，前述の人口動態統計によると，日本人男性の多くは自身の出身国である日本に居住し，日本人女性の場合は，配偶者の出身国に移動する場合が多いことになる。

（2） 日本人にかかわる異文化間結婚の研究

日本における異文化間結婚の増加が比較的最近の社会現象であるため，日本人がかかわる異文化間結婚に関する研究の蓄積は十分とは言えない。また，主に文化人類学，社会学，教育学などの分野で研究されてきたため，心理学分野の研究成果の蓄積は極めて少ない。

文化人類学・社会学等の分野の研究としては，たとえば，「国際結婚」の歴史を社会学的視点から考察した嘉本（2001）や竹下（2000），日本人と外国人の結婚の動機について分析した新田（1995），日本在住の日本人とドイツ人の結婚を取り上げ，文化人類学的考察をおこなったHardach-Pinke（1988），台湾在住の日台結婚や日本在住の外国人ムスリムと日本人女性の結婚を扱った竹下（2004），オーストラリアに渡った"戦争花嫁"のライフヒストリー研究であるTamura（2001），米国に渡った日本人「戦争花嫁」の意識を調査した植木（2000），デンマーク在住の日本人とデンマーク人の結婚におけるジェンダーの問題を扱ったRefsing（1998），そして，日本の農村に嫁いだ中国人女性の結婚移住に関する分析をおこなった賽漢（2007）がある。日本在住で外国人と結婚した日本人女性を対象にした研究が目立つ。心理学・精神医学の分野の研究としては，たとえば，桑山（1995），矢吹（1997，1998，2004，2005など），鈴木（2003，2006b，2007など）があげられる。桑山（1995）は，アジアから日本に来た「農村の外国人花嫁」のストレスを包括的に検討し，その対処法について言及している。矢吹は，日本在住で米国人の夫をもつ日本人女性を対象に調

査をおこない，矢吹（1997，1998）では，日米夫婦間に違いが見られる調整課題である子育て観・子育てのやり方や性役割観が日米夫婦間でどのように調整されていくかに焦点をあて，矢吹（2004）では，日本人妻の米国文化への同一視について考察し，家庭内の文化実践を日本人の妻が主導している夫婦とアメリカ人の夫が主導している場合では，妻の同一視のプロセスに違いがあることを見いだしている。さらに，矢吹（2005）は，日本人妻の結婚後の名のりには，「日本姓」「アメリカ姓」「混合姓」の3形態があり，それらは「戦略」として機能していることに言及している。鈴木（2003，2006bなど）は，インドネシアにおける20年近くに及ぶ継続的なフィールドワークよる，日本・インドネシア国際結婚家族（国際家族）を対象とした研究の一環として，インドネシア人と結婚した日本人女性の異文化適応や（文化的）アイデンティティ形成について明らかにしている。また，鈴木（2007）は，日本在住の国際結婚外国人女性の精神的健康について考察している。

　Fontaine（1990）は，持続している異文化間結婚の研究が文化関係の研究に有用な示唆をもたらすことを指摘している。また，異なる言語・文化を背景とする異文化間結婚についてのさまざまな側面からの研究成果には，単一言語・文化の夫婦からはなかなか見えにくい，家族や夫婦，個人に生じるさまざまな心理的現象の解明を促進する可能性が期待される。

（3）　本書の目的と構成

　本書の目的は，成人期に，異文化間結婚し，異なる文化圏に移動した女性に焦点をあて，文化間移動によって，アイデンティティや文化的アイデンティティがどのように構築（再構築）されていくのか，また，文化間移動が生涯発達にどのような影響を及ぼすかについて検討することである。その際，異文化間結婚者の（文化的）アイデンティティに大きく関与すると考えられる異文化適応や精神的健康，さらに，言語・文化の継承についても視野にいれる。

　上記の目的のために，本書は3つの部分から構成されている。第Ⅰ部「インドネシア在住の異文化間結婚女性と文化的アイデンティティ」，第Ⅱ部「米国・豪州在住の異文化間結婚女性と文化的アイデンティティ」，第Ⅲ部「日本在住の異文化間結婚外国人女性と精神的健康，文化的アイデンティティ，言語・文

化の継承」である。第Ⅰ部と第Ⅱ部では，インドネシアや米国・豪州に文化間移動をした異文化間結婚日本人女性，第Ⅲ部では，逆に，日本に文化間移動をした異文化間結婚外国人女性を対象としているが，いずれの場合も，異文化出身の夫と結婚し，夫の出身文化（国）に文化間移動をした女性である点は共通している。また，研究方法についても，第Ⅰ部は継続的なフィールド調査，第Ⅱ部は現地における面接調査および質問紙調査，第Ⅲ部は面接調査と違いがあるが，いずれの場合も，質的アプローチが中心である。それは，文化的アイデンティティのような複雑な心理現象を解明するためには，大量のデータを統計的な手法を用いて処理することによってでは，真の姿をとらえることが不十分であり，たとえ，対象者が少数であっても，具体的な事例から，文脈のなかに埋め込まれている真実を追求していくことが必要不可欠であると考えるからである[6]。なお，研究方法については，第Ⅰ部の冒頭，および各章で詳述する。

　第Ⅰ部「インドネシア在住の異文化間結婚女性と文化的アイデンティティ」では，インドネシア人と異文化間結婚をし，インドネシアに文化間移動をした日本人女性をとりあげ，20年近くに及ぶフィールド調査の成果に基づき，日本人女性の文化的アイデンティティについて，生涯発達的視点から検討する。第1章「異文化間結婚者の文化間移動と再社会化」では，文化間移動をした異文化間結婚女性の異文化適応を，再社会化としてとらえ，類型化を試みると同時に，再社会化に影響を及ぼす要因について言及する。また，日本人女性の再社会化を，異文化間結婚をし，インドネシアに文化間移動をしたドイツ語圏出身女性や英語圏出身女性と比較検討する。第2章「異文化間結婚者の国籍変更と文化的アイデンティティ」では，異文化間結婚者の国籍変更の理由，国籍変更のプロセス，国籍変更と文化的アイデンティティの関係について考察する。第3章「異文化間結婚者の文化間移動と文化的アイデンティティ」では，異文化間結婚者の文化的アイデンティティ形成のプロセスと文化的アイデンティティのゆらぎのメカニズムについて明らかにする。そして，第4章「成人期の文化間移動と生涯発達への影響」では，成人期の文化間移動が生涯発達にどのような影響を及ぼすかについてとりあげる。

　第Ⅱ部「米国・豪州在住の異文化間結婚女性と文化的アイデンティティ」は，「国際結婚」の変遷の第Ⅱ期にあたる，米国人・豪州人と結婚し，米国・豪州

に文化間移動をした日本人女性，いわゆる"戦争花嫁"に焦点をあてる。第5章「"戦争花嫁"の文化的アイデンティティ」では，歴史的背景や"戦争花嫁"が埋め込まれた文脈に注意しながら，半構造化面接によるライフヒストリーと質問紙法による調査結果に基づき，"戦争花嫁"と呼ばれる日本人女性の文化的アイデンティティやアイデンティティについて考察する。

第Ⅲ部「日本在住の異文化間結婚外国人女性と精神的健康，文化的アイデンティティ，言語・文化の継承」は，日本人男性と異文化間結婚をし，日本に文化間移動をした外国人女性，特に都市部在住のアジア出身女性と欧米出身女性を対象とした面接調査結果に基づき，日本在住の異文化間結婚外国人女性の精神的健康状態や文化的アイデンティティを把握するとともに，子どもへの言語・文化の継承についての考え方を扱う。第6章「異文化間結婚者の異文化適応と精神的健康」では，異文化間結婚外国人女性の適応や精神的健康に関して考察し，異文化出身の妻がかかえる問題を把握し，その支援について検討する。第7章「異文化間結婚者の文化的アイデンティティと言語・文化の継承」では，異文化間結婚外国人女性の文化的アイデンティティ，および子ども（国際児）への言語・文化の継承に関する外国人の母親の考え方について考察する。

「結論」では，第1章から第7章までの総括をおこなうとともに，今後の研究の展望について言及する。

（4）本書で使用する概念
1）文化的アイデンティティ

文化的アイデンティティ（cultural identity）が注目されるようになったのは，比較的最近のことであり，いろいろな考え方がある。たとえば，箕浦（1984）は，「文化的アイデンティティとは，国籍がどこであれ，日本人であるとかアメリカ人であるとかいうことからくる深い感情，ライフ・スタイル，立ち居振舞い，興味や好みや考え方を全部ひっくるめたもの」(p. 246)，また，鈴木（2008）は，「自分がある文化に所属しているという感覚・意識」（文化的帰属感・帰属意識）あるいは「ある文化・社会のなかに自分の居場所があるという感覚・意識」(p. 33) としている。さらに，Tajfel（1978）は「社会的アイデンティティ」の一側面として，Hall（1990）は「位置取り」の過程として文化的アイデンティティ

をとらえている。本書では，文化的アイデンティティは，アイデンティティの一側面であり，「自分がある特定の文化集団のメンバーとある文化を共有しているというという感覚・意識」(文化的帰属感・意識)とする。

なお，アイデンティティ (identity) は，Erikson (1950) によって，広く普及した概念である。Erikson (1959) は，「自我アイデンティティの感覚とは，内的な不変性と連続性を維持する各個人の能力（心理学的意味での個人の自我）が他者に対する自己の意味の不変性と連続性とに合致する経験から生まれた自信のことである」(エリクソン，1973, p. 112) と述べている。すなわち，アイデンティティの問題は，歴史的な文脈や社会・文化的文脈のなかで考慮しなければならないし，アイデンティティの感覚には，"自信 (confidence)" が関係している。したがって，文化的アイデンティティについても，生育歴や文化・社会のなかでの自分自身の位置づけやそれに対する"自信"が問題になると考えられる。文化的アイデンティティには，自己定義，他者定義，さらに，生物学的要素も関係しており，それらの間にくい違いがあると，文化的アイデンティティの葛藤が生じることが指摘されている（箕浦，1995）。

2）生涯発達的視点と成人期

生涯発達的視点は，加齢による人の一生にわたる変化を視野にいれる。青年期以降から死に至るまでの比較的長い期間が成人期であり，さらに，成人前期，成人中期，成人後期に分けられる。本書では，満20歳以上を成人とし，成人前期は，20歳ごろ（結婚後）から40歳〜45歳ごろまで，成人中期は，40〜45歳ごろから65歳ごろまで，成人後期（老年期）を65歳以降とする。

アイデンティティの発達に関しては，従来，青年期にアイデンティティが確立した後，それ以降も，そのアイデンティティが維持されていくものと考えられていた。しかしながら，成人期において，アイデンティティは，危機と再体制化（再統合）の繰り返しによって，より高いレベルに発達していくことが明らかになっている（岡本，1994など）。本書でも，生涯発達的視点から，成人期における文化的アイデンティティの発達について考察する。

3）文化間移動

文化間移動には，異なる文化間（国家間）の移動だけではなく，下位文化間の移動（例：東京から沖縄への地域間移動，中流から上流への社会階層間移動）

が含まれることもある。本書では，特に断りのない場合は，異なる文化間（国家間）の移動を指す。

4）文　化

文化については多様な定義がある。たとえば，Jahoda（1982），Kluckhorn（1949），マツモト（2001），箕浦（1990），Tylor（1958），渡辺（1995）である。本書では，特に断りのない限り，文化を「発達過程のなかで，環境との相互作用によって形成されていく，ある特定集団のメンバーによって共有される反応の型」（鈴木, 2006a, p. 41）とする。

〈注〉

1）「国際結婚」の歴史については，竹下（2000）や嘉本（2001, 2008）に詳しい。
2）子どもは，父親が日本人か，母親が日本人で父親が不明か，あるいは，両親とも不明の場合に限り，日本国籍を取得することができた。
3）人口動態統計より算出。
4）人口動態統計より算出。
5）近年，夫婦の出身国に，さらにその他の国を加えた三国間移動型も見られる。
6）20世紀の終わり頃，社会科学における質的研究やそれを実現するための具体的な方法である質的研究法への関心が世界的に高まるが，その後，日本の心理学においても質的研究は徐々に注目されるようになる。2002年3月には，『質的心理学研究』（新曜社）が創刊され，また，2004年には，日本質的心理学会が設立された（鈴木, 2009）。

〈引用文献〉

Breger, R. & Hill, R. (1998). *Cross-cultural marriage: Identity & choice*. UK.: BERG Publishers.（ブレーガー, R. & ヒル, R. 吉田正紀（訳）(2005). 異文化結婚　－国境を超える試み　新泉社）
Erikson, E. H. (1959). *Identity and the life cycle*. New York: Int. Uni. Inc.（エリクソン　小此木啓吾（訳編）(1973). 自我同一性　誠信書房）
Fontaine, G. (1990). Cultural Diversity in intimate intercultural relationships. Cahn, D. D. (Ed.) *Intimates in conflict: A communication perspective*. Mave & London: Lawerence Erlbaum, pp. 209-224.
Hall, S. (1990). Cultural identity and diaspora. In K. Woodward (Ed.), *Idetity and difference*. London: Sage.（ホール, S.　小笠原博毅（訳）(1998). 文化的アイデンティティとディアスポラ．現代思想, 26（4）, 90-103.）
Hardach-Pinke, I. (1988). *Interkulturelle Lebenswelten: Deutsch-Japanische Ehen in*

Japan. Frankfurt: Campus Verlag.
Jahoda, G.（1982）. *Psychology and anthoropology: A psychological perspective*. London: Academic Press.（野村明（訳）（1992）．心理学と人類学 －心理学の立場から 北大路書房）
嘉本伊都子（2001）．国際結婚の誕生 新曜社
嘉本伊都子（2008）．国際結婚論!? 歴史編 法律文化社
Kluckhorn, C.（1949）. *Mirror for a man: Anthropology and modern life*. Macgraw-Hill.（外山滋比古・金丸由雄（訳）（1971）．文化人類学の世界 講談社）
桑山紀彦（1995）．国際結婚とストレス：アジアからの花嫁と変容するニッポンの家族 明石書店
厚生労働省 各年 人口動態統計
マツモト, D.（著）南 雅彦・佐藤公代（監訳）（2001）．文化と心理学 北大路書房
箕浦康子（1984）．子供の異文化体験 思索社
箕浦康子（1990）．文化のなかの子ども 東京大学出版会
箕浦康子（1995）．異文化接触の下でのアイデンティティ 異文化間教育，9，19-36.
Nitta, F.（1988）. Kokusai Kekkon: Trends in intercultural marriage in Japan. *International Journal of Intercultural Relations*, 12, 205-232.
新田文輝（1995）．最近の日本における国際結婚 －接近と交換理論を中心にした試論．吉備国際大学研究紀要，5，95-109.
新田文輝（1997）．海を渡った日本女性 －戦争花嫁再考 吉備国際大学研究紀要，7，165-175.
岡本祐子（1994）．成人期における自我同一性の発達過程とその要因に関する研究 風間書房
Refsing, K.（1998）. Gender identity and gender role patterns in cross-cultural marriages: The Japanese-Danish Case. In R. Breger & R. Hill,（Eds.）, *Cross-cultural marriage: Identity & choice*. UK.: BERG Publishers, pp. 193-208.（レフシン, K.（2005）．異文化結婚におけるジェンダーアイデンティティとジェンダーの役割形態：日本人とデンマーク人の事例から ブレーガー，B. & ヒル，R. 吉田正紀（訳）異文化結婚 －国境を超える試み 新泉社 pp. 253-272.）
賽漢卓娜（2007）．中国人女性の「周辺化」と結婚移住 －送り出し側のプッシュ要因分析を通して 家族社会学研究，19（2），71-83.
鈴木一代（2000）．国際結婚と日本人 詫摩武俊・清木弘司・鈴木己史・松井豊（編）性格の変容と文化（シリーズ・人間と性格第4巻）ブレーン出版 pp. 229-242.
鈴木一代（2003）．国際結婚者の国籍変更と文化的アイデンティティ 埼玉学園大学紀要（人間学部篇），3，1-12.
鈴木一代（2006a）．異文化間心理学へのアプローチ －文化・社会のなかの人間と心理学 ブレーン出版
鈴木一代（2006b）．文化移動と文化的アイデンティティ 埼玉学園大学紀要（人間学部篇），6，83-96.
鈴木一代（2007）．国際結婚者の適応と精神的健康 －異文化間出身妻の場合 研究助成

論文集（財団法人明治安田こころの健康財団），通巻第42号, 76-85.
鈴木一代（2008）．海外フィールドワークによる日系国際児の文化的アイデンティティ形成　ブレーン出版
鈴木一代（2009）．日本における質的心理学研究　－1990年代の学会の動向を中心に　心理学史・心理学論, 10/11合併号, 41-47.
Tajfel, H. (1978). *The social psychology of minorities*. New York: Minority Rights Group.
Tylor, B. B. (1958). *The origin of culture*. New York: Harper & Row.
竹下修子（2000）．国際結婚の社会学　学文社
竹下修子（2004）．国際結婚の諸相　学文社
Tamura, K. (2001). *Michi's memories: The story of a Japanese war bride*. Canberra: The Research School of Pacific and Asian Studies, the Australian National University.
植木　武（代表）（2000）．海を渡った花嫁たち　－戦争花嫁のプロフィール　平成8年度～平成10年度科学研究費補助金（国際学術研究）研究成果報告書
矢吹理恵（1997）．日米結婚における夫婦間の調整課題　－性役割観を中心に　発達心理学研究, 12, 37-50.
矢吹理恵（1998）．日米国際結婚における夫婦間の調整課題（2）　－子育て観を中心に　発達心理学研究, 13, 26-44.
矢吹理恵（2004）．日米国際結婚夫婦の妻におけるアメリカ文化に対する同一視　質的心理学研究, 3, 94-111.
矢吹理恵（2005）．国際結婚の日本人妻の名乗りの選択に見られる文化的アイデンティティの構築　－戦略としての位置取り　発達心理学研究, 16（3）, 215-224.
渡辺文夫（1995）．心理学的異文化接触研究の基礎　渡辺文夫（編著）異文化接触の心理学　－その現状と理論　川島書店　pp. 76-96.

第Ⅰ部
インドネシア在住の異文化間結婚女性と文化的アイデンティティ

ここでは，インドネシア人と異文化間結婚をし，インドネシアに文化間移動をした日本人女性をとりあげ，その文化的アイデンティティや文化的アイデンティティに関連する事柄について検討する。第1章では，異文化間結婚者の文化間移動と再社会化，第2章では，異文化間結婚者の国籍変更と文化的アイデンティティ，第3章では，異文化間結婚者の文化間移動と文化的アイデンティティ，そして，第4章では，成人期の文化間移動と生涯発達への影響について言及する。

まず，第1章から第4章に共通する，調査地および調査方法の概要について述べる。なお，そのほかの調査方法については，各章で詳述する。

(1) 調査地の概要

調査地（フィールド）は，インドネシア・バリ州の南部，州都デンパサール（Denpasar）とバドゥン（Badun）県を中心とする地域（都市部）である。バリ州のなかでは最も都市化されており，他州や州内各地からの労働者，長短期の内外の観光客，長期滞在外国人，国際結婚者などが多く居住しており，多文化化が進んでいる。観光業（ホテル，旅行社など）や商工業（アパレル産業など）が盛んで，近年，他島出身のイスラム教徒も増えているが，他方，現地の人々は，ヒンドゥ教を深く信仰し，独自の伝統・文化を固持している。

バリ州における在留邦人数の増加は，インドネシア政府が観光開発を推進しはじめた1980年代後半から始まっている（表1）。1987年には，43人だった在留邦人数は，ほぼ毎年増加し，1990年には，221人，2000年には，1,005人で，1,000人台に達し，2010年には，2,109人と，2000人を超えている。これはインドネシア全体の在留邦人総数の約18％にあたる（外務省海外在留邦人数統計）。そのうち，長期滞在者は1,468人（69.6％），永住者は641人（30.4％）である[1]。永住者数だけに限定すると，インドネシア全体の邦人永住者の約3/4がバリ州に居住しており，永住者が極めて多いことがわかる。永住者すべてではないが，インドネシア人と結婚した日本人とその子どもが相当数含まれていることが推定される。インドネシア国籍に変更した元日本人やインドネシア国籍のみの日系国際児（両親の一方が日本人，他方が外国人の子ども）はこの統計には含まれないし，在留届が未届けの日本人国際結婚者も少なくないので，実際に

は,さらに多くの日本人国際結婚者や日系国際児が居住していると考えられる。これまで,日本人女性とインドネシア男性の組合せが多かったが,近年,日本人男性とインドネシア女性の組合せが増えている。

表1　インドネシア・バリ州における在留邦人数の推移　(1987-2010)

年	長期滞在者数	永住者数	総数	増加率（％）
1987	26	17	43	- -
1988	37	41	78	81
1989	86	60	146	87
1990	156	65	221	51
1991	173	90	263	19
1992	120	122	242	△8
1993	182	178	360	49
1994	240	227	467	30
1995	305	290	595	27
1996	337	335	672	13
1997	387	350	737	10
1998	444	397	841	14
1999	510	411	921	10
2000	485	520	1,005	9
2001	619	607	1,226	22
2002	760	570	1,330	8
2003	797	575	1,372	3
2004	872	581	1,453	6
2005	964	604	1,568	8
2006	1,049	608	1,657	6
2007	1,114	628	1,742	5
2008	1,302	627	1,929	10
2009	1,355	630	1,985	3
2010	1,468	641	2,109	6

出典：Consulate-General of Japan at Denpasar（在デンパサール日本国総領事館）統計
※調査は1987年から毎年実施されている

地域別にみると,2010年には,デンパサール市の在留邦人数は814人（バリ州邦人総数の38.6%),隣接するバドゥン県の在留邦人数は882人（バリ州邦人総数の41.8%）で,デンパサール市およびバドゥン県に,バリ州の日本人の約80%が居住している[2]。

バリ州の日本人・日系人コミュニティは,デンパサール市に位置する日本人会と日本語補習授業校[3]を中心に成立しており,インドネシア人と日本人の婚姻の増加とともに急速に発展してきた。したがって,コミュニティには,イ

ンドネシア人と結婚した日本人とその子ども（日系国際児）が圧倒的に多く，コミュニティのなかで大きな役割を担っている。日本人会や日本語補習授業校において，国際結婚者および日系国際児が多数派として，その運営や活動に積極的に参加している。

(2) 調査方法の概要

調査方法としては，「文化人類学的－臨床心理学的アプローチ（CACPA: Cultural Anthropological-Clinical Psychological Approach）」（Suzuki, 2002；鈴木, 2008；鈴木・藤原, 1992）を用いる。すなわち，文化人類学にしばしば見られる手法に近い研究方法（研究者自身が現地に入り込みじっくりと研究・調査をする：フィールドワーク，フィールドノーツなど）と臨床心理学的手法（研究・調査対象者とのかかわりを深め相互理解をすすめていくなかで，さまざまな問題を掘り下げていく研究方法：臨床的面接，事例研究，援助・支援，など）を統合したアプローチである。したがって，このアプローチは，長期的・縦断的フィールドワーク，ラポールと援助・支援，面接と参与観察の反復，事例研究（ケース・スタディ），マクロ・ミクロ的視点，文化・社会・歴史的視点というキーワードによって説明することができる。すなわち，インドネシア人と結婚した日本人女性を取り巻く文化・社会環境に配慮し，時間の経過のなかで，調査参加者との相互的信頼関係を築き，それを大切にしながら，必要ならば援助の手を差しのべるなかで，真実の姿を引き出していく手法である。整理・分析の際には，フィールドノーツやインタビューデータに基づき，詳細な個別カード（医師の診療記録である「カルテ」に類するもの）を作成し，個人を取り巻く文化・社会環境を考慮しながら，重要な（危機的な）出来事や時間の経過（時系列）による変化（気持ち・考え方等）に着目し，解釈をおこなう。調査は長期にわたるため，回想法による面接データの収集だけではなく，ほぼリアルタイムでも調査参加者の気持ち・考え方やその変化（あるいは，文化・社会環境とその変化）をとらえることができる。すなわち，CACPAは，多次元的，発達的，解釈的，包括的なアプローチと言える。

「文化的アイデンティティ形成」のような複雑な心理現象を理解するためには，仮説検証法や統計的手法ではなく，以上のようなCACPAによる，調査参

加者に対する包括的で縦断的な研究手法が最も有効と考えられる。

なお，調査は，1991年に開始され，現在に至るまで継続しているが，本書では，その成果の一部を扱う。

〈注〉

1）「永住者」「長期滞在者」は自己申告であるため，「長期滞在者」に，インドネシア人と結婚した日本人が含まれる場合もある。また，「永住者」には，リタイアや事業等で永住希望の人（永住権はない）も含まれる（在デンパサール総領事館による）。

2）在デンパサール総領事館の統計による。

3）義務教育年齢の海外在住日本人の子どもの教育を目的とする海外学校（小・中学校）には，日本人学校と日本語補習授業校の2種類がある。日本人学校は，日本国内と同等の教育をおこなう全日制の学校であるのに対し，日本語補習授業校は，週1～2回程度，国語や算数のみの授業をおこなう補助的な学校である。

〈引用文献〉

外務省　各年　海外在留邦人数統計

Suzuki, K. (2002). A study using "Cultural Anthropological-Clinical Psychological approach": Cultural identity formation in Japanese-Indonesian children. *BULLETIN of Saitama Gakuen University (Faculty of Humanities)*, 2, 1-9.

鈴木一代（2008）．海外フィールドワークによる日系国際児の文化的アイデンティティ形成　ブレーン出版

鈴木一代・藤原喜悦（1992）．国際家族の異文化適応・文化的アイデンティティに関する研究方法についての一考察　東和大学紀要, 18, 99-111.

 第1章

異文化間結婚者の文化間移動と再社会化

1. はじめに

　インドネシア人と異文化間結婚し，出身国を離れ，インドネシアに移住した外国人女性たちはまったく新しい環境のなかで生きていくことになる。新環境のなかでうまく生活できるようになっていくプロセスやその状況は，一般に，異文化適応や文化変容として説明されることが多い。異文化適応は「個人が新しい環境との間に適切な関係を維持し，心理的な安定が保たれている状態，あるいは，そのような状態を目指す過程」（鈴木，1997，p. 51）であり，文化変容は「個人が，現在生活している異文化とうまくやっていけるように，接触の度合，周囲の状況，心理的な特質を変えようとする過程」（Berry, et al., 1988: 鈴木，1997，p. 76より引用）であるが，それらは，再社会化としてもとらえることができる。異文化間結婚者は，出身国における社会化によって身につけてきたやり方が，新しい社会のなかでは通用しなくなるので，その社会のなかでうまくやっていくためのやり方をあらためて習得することになる。これが再社会化である。すなわち，再社会化とは，「自分が生まれ育って来た社会のなかでの社会化の後，異なる文化圏に移行し，そこで再び社会化がおこなわれること」（鈴木，1997，pp. 72-73）である。たとえば，日本という文化・社会のなかで生まれ育ち，そのなかで基準とされている行動様式を身につけ，社会化してきた日本人が，異なる文化に移行し，そこで再び社会化することである。

　本章の目的は，インドネシア人と結婚し，バリ州に文化間移動をした女性の再社会化の様相および，再社会化に影響を及ぼす要因について考察することで

ある。さらに，それらについて，バリ州に居住する，異文化間結婚者の日本人女性，ドイツ語圏出身女性および英語圏出身女性を比較検討することにより，日本人女性の再社会化の特徴を明らかにする。

2．調査の概要

調査参加者は，バリ州在住で，インドネシア人と結婚した日本人女性28人（30代～40代前半の国際結婚第一世代[1]，第1子は小学校生以上），インドネシア人と結婚したドイツ語圏（ドイツ，スイス）出身女性11人（30代～40代，第1子は小学生以上），それに，インドネシア人と結婚した英語圏（オーストラリア，カナダ，イギリス，アメリカ）出身女性8人（30代～40代，第1子は小学生以上）である（表2）。調査参加者は，程度に差はあるが，インドネシア語会

表2　調査参加者

事例	年齢	出身国	職業	夫の出身地	子ども数	事例	年齢	出身国	職業	夫の出身地	子ども数
J1	40代	日本	なし	他州	2	J25	30代	日本	あり	バリ州	2
J2	30代	日本	あり	バリ州	2	J26	30代	日本	あり	他州	1
J3	40代	日本	あり	バリ州	2	J27	40代	日本	あり	他州	2
J4	40代	日本	あり	他州	1	J28	40代	日本	あり	他州	1
J5	30代	日本	あり	バリ州	1	G1	40代	ドイツ	あり	他州	3
J6	30代	日本	なし	バリ州	2	G2	40代	ドイツ	あり	バリ州	3
J7	30代	日本	なし	バリ州	2	G3	40代	ドイツ	あり	バリ州	3
J8	40代	日本	あり	他州	2	G4	40代	ドイツ	あり	バリ州	2
J9	40代	日本	あり	他州	1	G5	40代	ドイツ	あり	バリ州	3
J10	40代	日本	なし	バリ州	3	G6	40代	ドイツ	あり	バリ州	1
J11	40代	日本	なし	バリ州	1	G7	30代	スイス	あり	他州	2
J12	30代	日本	あり	バリ州	2	G8	30代	スイス	あり	バリ州	2
J13	40代	日本	あり	他州	1	G9	40代	ドイツ	あり	バリ州	1
J14	30代	日本	あり	バリ州	2	G10	30代	ドイツ	あり	バリ州	2
J15	40代	日本	あり	他州	2	G11	30代	ドイツ	あり	バリ州	1
J16	30代	日本	あり	バリ州	2	E1	40代	英国	あり	バリ州	3
J17	30代	日本	あり	バリ州	2	E2	30代	豪州	あり	他州	2
J18	40代	日本	あり	バリ州	1	E3	40代	豪州	あり	バリ州	3
J19	30代	日本	あり	バリ州	2	E4	40代	豪州	あり	他州	2
J20	40代	日本	あり	バリ州	2	E5	30代	豪州	あり	バリ州	2
J21	30代	日本	あり	バリ州	1	E6	30代	カナダ	あり	他州	2
J22	30代	日本	なし	バリ州	2	E7	30代	豪州	あり	バリ州	2
J23	30代	日本	なし	バリ州	3	E8	40代	米国	あり	バリ州	3
J24	30代	日本	あり	バリ州	2						

（調査時現在）

話が可能である。調査は,「文化人類学的－臨床心理学的アプローチ（CACPA）」によって, 1991年～1999年（年2回, 各3～6週間）に実施された。調査の際の使用言語は, 日本語, 英語, およびドイツ語である[2]。

3．文化間移動と再社会化

まず, 異文化間結婚者（日本人, ドイツ語圏出身者, 英語圏出身者）の再社会化の様相について概観し, 再社会化に影響を及ぼす要因について考察する。それから, 日本人異文化間結婚者の再社会化の特徴を明らかにするために, ドイツ語圏出身, および英語圏出身の異文化間結婚者と比較検討する。

3.1 再社会化の様相と類型

インドネシアに文化間移動をした異文化間結婚女性の再社会化の様相は, インドネシア人の夫およびその周辺の人間関係（家族・親戚, 友人）, 同国人との親密さや同国人コミュニティへの関与, 現地人との親密さ（仕事上および個人的）と現地地域社会への関与, 子どもの学校（プレイ・グループ, 幼稚園を含む）に関する事柄などを考慮すると, おおよそ7つの型に分類できる。すなわち,「同国人志向」「現地人社会志向」「同国人・現地人社会双方志向」「孤立志向」「"インターナショナル"志向」「自国志向」, そして「二国間移動志向」である[3]。

1）同国人志向（同国人コミュニティ志向）
夫の家族・親戚との関係は最小限にとどめているか, 核家族。現地在住の同国人, 主に異文化間結婚の同国人との人間関係のなかで生活している。現地人との関係は, 使用人や仕事上だけで, 現地人の友達はいない。子どもは, 現地の私立校に通学している。日本人の場合には, 子どもは日本語補習授業校にも在籍している。

2）現地人社会志向
主に, 夫やそのまわりの人間関係, および地域社会のなかで生活している。子どもは, 現地公立校に通学している場合が多い。少数の友人を除いては, 同

国人とはなるべく接触しないようにしている。現地人社会にある程度統合されている。

3）同国人・現地人社会双方志向

同国人コミュニティと現地人社会の両方にコミットメントがある。すなわち，同国人やそのコミュニティばかりではなく，夫の家族，仕事関係の現地人，地域社会ともよい関係にある。子どもは，現地公立・私立に通学している。日本人の場合は，子どもは日本語補習授業校にも在籍している。

4）孤立志向

夫やその家族との関係が希薄。現地社会にも，同国人コミュニティにも統合されていない。時折訪れる同国人のリピーター（観光や仕事のために，繰り返して訪れる人）との友人関係が中心である。子どもは現地の公立・私立校に通学。日本人の場合には，日本人会に入っていないし，子どもも日本語補習授業校に通っていない。

5）"インターナショナル"志向

夫との緊密な関係を中心に，仕事上の関係も含め，いろいろな国からきている外国人との交流が多い。英語を重視している。子どもは，英語を主とする教育を受けている。父親がインドネシア人の場合は，インターナショナル・スクールへの入学資格がないので[4]，多くの子ども（特に，英語圏出身の母親の場合）は，コレスポンデンス・スクール（英語のカリキュラムに基づく通信教育をおこなう塾のようなもの）に通学している。子どもがまだ小さい段階に多い。

6）自国（出身国）志向

インドネシアには，一時的に滞在しているだけで，将来的には，自国（出身国）に戻り，定住するつもりである。したがって，常に目は自国に向いている。子どもの教育には，自国（出身国）の言語を重視している。日本人の場合には，現地校には在籍させず，日本語補習授業校だけに通学させている場合もある。

7）二国間移動志向（文化間移動志向）

両国（インドネシアと自国）にそれぞれ生活の場があり，両国間を定期的・不定期的に移動する生活をしている。言語的には，自国（出身国）の言語とインドネシア語が主である。子どもは，それぞれの事情により，母親の国では，公立校に，インドネシアでは，インターナショナル・スクール（あるいは，英

語重視の学校）かコレスポンデンス・スクールに通っている。子どもが小さい時に多いが，子どもが大きくなっても，母親だけがこの型を続ける場合もある。

「現地人社会志向」は，移住先の現地人社会のなかでうまくやっていけるように再社会化している。「同国人・現地人社会双方志向」と「二国間移動志向」の場合は，新しい環境のなかでうまくやっていけるように再社会化するだけではなく，自国のコミュニティや出身国との関係も維持・発展させていこうとする。その意味では，再社会化というよりも，むしろ二重社会化（自分が育ってきた社会への社会化と，異なる文化圏への社会化が同時に進行する）に近いとも考えられる。「同国人志向」や「自国志向」は，日本のやり方を固持することになり，現地人社会にはなかなかなじまない。「同国人志向」では，自国のコミュニティは，現地社会のなかに存在する小さな自国（コミュニティ）であるために，本国（出身国）とは異なる独特な状況が存在することも多く，その中でうまくやっていく方法を身につけなくてはならない場合も少なくない。「孤立志向」は，自分独自の世界をつくりあげ，そのなかで，自分なりのやり方で生きている。また，「"インターナショナル"志向」は"国際的であること"をスローガンにしており，現地社会にも，自国コミュニティや出身国にもあまりコミットメントしていない場合が多い。

　異文化間結婚女性の再社会化の様相は，ある型に固定的にとどまるわけでなく，夫や夫との関係，年齢，滞在期間，仕事の有無や人間関係，現地社会の状況などによって流動的であると考えられる。バリ州の異文化間結婚者の場合は，一般的には，移住時，夫や夫の家族（両親，親戚など）との関係から始まり，家で働くインドネシア人使用人，あるいは，自身の仕事などを通じて，だんだんと現地社会の実態を知ることになる。そのなかで，夫の家族や現地社会との関係をさらに深めていく人もいるが，現地の自国人コミュニティを志向する人，孤立を選ぶ人もいる。また，移住当初から，「"インターナショナル"志向」や「文化間移動志向」の人もいる。実際には，これらの中間に位置していたり，複合型の場合も少なくない。

　東南アジア（バンコック，クアラルンプール，ペナン）の在留邦人（海外駐在員）の適応パタンを調査した江淵（1980）は，在留邦人を，永住・土着化志

向者（現地に永住を望む長期滞在者）と一時滞在者（いずれは帰国することを前提としている滞在者）という二つのカテゴリーに分類した。しかし，異文化間結婚者の場合には，いわゆる在留邦人とは異なり，現地社会に居住していても，自国（出身国）と現地社会（夫の出身国）という2つの文化・社会環境とさまざまな形でかかわり続ける可能性があり，それだけ多くのバリエイションが生まれてくる。すなわち，異文化間結婚者は多くの可能性のなかから自分に合った生き方を選択できると言うこともできる。しかしながら，それは，移住地の状況にも少なからず影響される。インドネシア・バリ州という場所が，外部に閉鎖的な地域ではなく，恵まれた気候と伝統芸能・文化等の魅力を兼ね備えた国際的な観光地として，多くの外国人観光客や長期滞在者を許容していることとも無関係ではない。

3.2 再社会化に影響を及ぼす要因

インドネシアに居住している異文化間結婚女性の再社会化に影響を及ぼす要因としては，次のものが考えられる。

1）夫との関係　　夫との良い関係が保たれているかどうかである（時間の経過とともに，夫が変化したり，関係が変化する場合もある）。移住の契機が夫との国際結婚なので，重要な要因である。
2）夫の家族との関係　　夫の家族（両親，きょうだい，親戚など）をどの程度尊重できるかである。また，実際に，宗教儀式に参加したり，経済的援助などをすることが可能かどうかが問題になる。
3）現地（自然，人間・社会環境）への愛着　　現地自体を好きかどうかであり，大きな要因の一つである。夫が生まれ育った国（文化）に肯定的な感情があれば，それだけで再社会化がしやすくなる。また，現地で生活することの利点が付加される場合もある。たとえば，使用人（メイド，ベビーシッター，など）がいるため，育児・家事が楽である。なお，現地への愛着は，"出身国との関係"とも関連している。
4）現地での居場所（生活手段を含む）　　自分自身の居場所をみつけることができるかである。夫やその家族関係のなかだけに居場所があるのではなく，

仕事などで自分の能力を発揮できるかどうか（自己実現）も重要になる。自分自身で生計を立て，経済的に自立できるかどうかとも関係してくる。

5）言語能力　その土地の言語をどの程度話せるかである。現地語の力が低ければ，生活に不自由することになるし，現地人との親密な関係はつくりにくい。

6）出身国との関係　自国に対する愛着の程度，および出身国との関係をどの程度保持しているかである（例：たとえ一時的にでも，帰る場所や居場所があるか）。

7）子どもとの関係や子どもの養育・教育　親子間の使用言語，子どもの言語教育や学校選択などである。

これ以外にも，生物学的なもの（年齢，身体的概観，性差），国際結婚者に対する現地社会の姿勢や現地人の態度なども再社会化に影響を及ぼす要因としてあげることができるだろう[5]。

3.3　日本人，ドイツ語圏出身者，英語圏出身者の比較　－日本人女性の特徴

インドネシア人と結婚し，インドネシアに移住した日本人女性の再社会化について，インドネシア人男性と結婚し，インドネシアに移住したドイツ語圏出身女性，および英語圏出身女性と比較してみると，次のようなことが考察できる。

1）異文化間結婚女性には，全体的に，「同国人志向」の人が多い。しかし，日本人の場合は，ある程度夫の家族関係や儀式などを尊重している（たとえば，たまには家族の行事に参加したり，子どもだけは参加させている）。それに対して，欧米人女性のなかには無視する人もいる。

2）「現地社会志向」は，日本人に多くみられるが，"インターナショナル志向"と"二国間移動志向"は，英語圏出身者やドイツ語圏出身者に多く見られる。また，"孤立志向"は，ドイツ語圏出身や英語圏出身者には少ない。

3）英語圏出身者やドイツ語圏出身者の場合は，最も重要なのは夫との関係なので，この関係が崩れたら自国に戻る（インドネシア人の夫は修復を望む場

合が多いのに対し，欧米人女性は失敗はやり直せば良いという合理的な考えが強く，合い入れない)。また，離婚し出身国へ戻っても受け入れ体制(社会福祉制度：再出発のための職業訓練等)が整っている国もある(例：ドイツ)。日本人の場合は，社会福祉制度が整っていないということもあるが，初めから夫との関係が希薄な場合も多く(現地の環境への愛着の方が強い)，たとえ，異文化間結婚がうまくいかなくても，現地にとどまる場合も少なくない(現在の状況の方が自立しやすい，日本より生活が楽，日本には戻る場所がないなどの理由)。その後，インドネシア人と再婚する日本人女性も存在する。

4)異文化間結婚の女性たちは，現地での自己実現の可能性(例：仕事と育児の両立)や自然環境の豊かさを高く評価している。日本人女性の場合は，自然・生活環境や人間(インドネシア人)に愛着をもっている(土地や人間が好き)場合が多いのが特徴である。ドイツ語圏出身者の場合は，インドネシア人である夫のアジア人特有の寛容さ，および自身の自己実現の可能性(メイドやベビーシッターを容易に雇用できるので，仕事と育児・家庭の両立が可能)を評価している。英語圏出身者(オーストラリア)も，自己実現，自然環境，育児・家事の容易さを長所としてあげている。

5)結婚生活の持続率[6)]に関しては，日本人が最も高く，次にドイツ語圏出身者，英語圏出身者である。なかでもオーストラリア人とインドネシア人の離婚率は極めて高い。その主な原因は，将来に対する経済的展望(例：貯蓄に対する意見の相違)，および性役割期待の相違である。

6)インドネシア人と異文化間結婚し，同じ地域で生活しているにもかかわらず，日本人女性，ドイツ語圏出身女性，英語圏出身女性の間の交流は少ない。それぞれが独立したコミュニティのなかで生活している[7)]。特に，日本人と他の2つのグループとの間には，ほとんど交流がない。子どもの学校友だち(同クラス)を通して，その母親たちと多少関係があるぐらいである(例：お誕生会)。これは，異文化間結婚女性の多くが，たとえ，現地語であるインドネシア語によるコミュニケーションは可能であっても，自身の母語によるコミュニケーションをより好むことによるものと考えられる。さらに，日本人女性の場合には，欧米人がお互いに交流する際に通常共通言語となる英語能力の低さやメンタリティーの違い(例：はっきり言わない)などとも関係し，欧米人との

交流は難しい。

7）インドネシアの学校教育に対する態度は，出身国によって異なる（鈴木，1998）。欧米人は，暗記中心のつめこみ教育や1クラスが大人数の生徒からなる教育に対し嫌悪感と危機感（例：創造性がなくなる）をもっており，インドネシアの公的教育を回避したい。この傾向は，日本人女性には少なく，英語圏出身女性に特に強い。実際的にも，英語圏出身者は，英語の通信教育を選択したり，バイリンガル・スクールを創設している。これは，それぞれの文化的背景や受けてきた教育の違いによるものと考えられる。

日本人，ドイツ語圏出身者，および英語圏出身者という文化的背景の異なる3つのグループを比較することにより，それぞれの再社会化の違いを検討した。日本人異文化間結婚者には，「現地社会志向」が多く見られた。すなわち，ある程度，夫の家族関係や儀式なども尊重し，学校教育についても，インドネシアの公的教育を受け入れている。さらに，インドネシア人の夫の家族関係（大家族），経済的展望，性役割期待も容認している。日本とインドネシアの文化・社会には類似点も多く，そのため，欧米人女性と比較し，日本人女性には，ある程度理解したり，納得できることも多いと考えられる。それゆえ，結婚生活の持続率に関しては，日本人が最も高い。また，日本人女性には，バリ州の自然・生活環境や人間に愛着をもっている人が多いという特徴が見られる。離婚しても，現地にとどまったり，あるいは，インドネシア人と再婚することも少なくない。さらに，日本人会（あるいは，日本語補習授業校）を中心とするしっかりとした自国のコミュニティがあることと，他の外国人とはほとんど交流がないことも日本人の異文化間結婚女性の特徴である。

4．まとめ

本章では，インドネシア在住で，インドネシア人と結婚した女性の再社会化の様相（類型），および再社会化に影響を及ぼす要因について考察した。異文化間結婚者が出身国における社会化によって身につけてきたやり方は，新しい社会のなかでは通用しなくなるので，その社会のなかでうまくやっていくため

に再社会化をしていくことになる。異文化間結婚者にとって，理想的なのは，「二国間移動志向（文化間移動志向）」であるように思われる。時間的には，どちらかの国により長期に滞在することになるとしても，他方の国にも行く機会があり，両方の国を行ったり来たりできる状況が最も居心地のよい状態のように推察される。

　ここでは，異文化間結婚女性の再社会化の全体像をとらえようとしてきたが，今後は，事例研究による詳細な分析により，異文化間結婚女性の再社会化のプロセスやその要因を明らかにしていく必要があるだろう。

〈注〉
　1）バリ州の国際結婚第一世代は，1980年代（特に，後半）から1990年代前半までに，インドネシア人と結婚し，インドネシアに文化間移動した日本人（主に，女性）である。1990年代初期までに第1子をもうけている。国際結婚第二世代は，1990年代後半以降に，異文化間結婚し，文化間移動をした日本人であり，その数は急増した。第一世代と第二世代の間には，いくつかの相違がある。たとえば，第一世代には，なんらかの仕事に就いている人が多いが，第二世代には，主婦が多い。また，地域にもよるが，バリの社会環境の著しい変化（和食レストランの増加，日本食品の入手しやすさ，24時間営業のコンビニエンスストアや大型ショッピング・モールの出現，など）によって，第二世代は，日本にいるのとほぼ同じ感覚で生活することが可能である。なお，バリ州には，第一世代以前にも日本人とインドネシア人の異文化間結婚は存在していたが，その数はごく少数だった。
　2）調査者（著者）は，十分なドイツ語力および英語力をもつ。
　3）Berry, et al.（1992, 1997）は，移民の文化変容について，自文化の保持と現地社会との関係の維持という側面から，同化（assimilation：現地との関係は維持されるが，自文化は保持されない），離脱（separation：現地との関係は維持されないが，自文化は保たれる），統合（integration：現地社会との関係も自文化との関係も維持される），境界化（marginalization：現地社会との関係も自文化との関係も保持されない）という4つのタイプをあげている。いわゆる移民とは異なり，異文化間結婚者の場合は，夫が現地出身であるため，現地社会と完全に無関係でいられない状況があり，また，母国への一時帰国も比較的頻繁におこなわれるので，母文化も保持されやすく，将来的に，家族で，母国へ帰国する可能性も少なくないというような理由から，上記の4タイプを異文化間結婚者にそのまま適用することは難しい。
　4）調査時の1990年代の法律では，父親がインドネシア人の場合は，インターナショナル・スクールへの入学は不可能だったが，その後，可能になった。また，2000年代に入ると，多くのインターナショナル・スクールやバイリンガル・スクールが設立された。

5）再社会化や二重社会化に影響を及ぼす要因を整理した渡辺（1990，1991）は，生物学的なもの（年齢，身体的概観，性差），社会的なもの（多言語使用能力，価値観や規範などの共通性と相補性，キーパーソンの一致），個別状況的なもの（文化翻訳者，フィードバックの量，問題解決の方法が同じかどうか）をあげている。

6）バリ州における異文化間結婚の持続率あるいは離婚率についての具体的な数値の把握は困難であるが，たとえば，オーストラリア人とインドネシア人の異文化間結婚の離婚率は，90％以上とも言われている。

7）日本人の場合は，日本人会，ドイツ人の場合には，決まった日の決まった時間に集まるStammtisch（常連の集まり）と呼ばれるものがある。ドイツ語圏の子どもを対象とした学校は存在しない。

〈引用文献〉

Berry, J. W., Kim, U., & Boski, P.（1988）. Psychological acculturation of immigrants. In Y.Y. Kim & W. B. Gudykunst（Eds.）*Cross-cultural adaptation: Current approaches*. Newbury Park Calif.: Sage.

Berry, J. W., Poortinga, Y. H., Segall, M. H. & Dasen, P. R.（1992）. *Cross-cultural psychology: Research and applications*. Cambridge University Press.

Berry, J. W. & Sam, J. W.（1997）. Acculturation and adaptation. In J. W. Berry, M. H. Segall, & C. Kagitcibashi（Eds.）*Handbook of Cross-Cultural Psychology*, vol. 3. Alyan and Bacon.

江淵一公（1980）．東南アジアの日本人 －現地文化への適応パタンの問題を中心として　現代のエスプリ別冊　祖父江孝男（編）日本人の構造　pp. 151-173.

外務省　各年　海外在留邦人数統計

鈴木一代（1997）．異文化遭遇の心理学　ブレーン出版

鈴木一代（1998）．国際児の学校選択と言語習得 －日本-インドネシア国際家族，ドイツ語圏-インドネシア国際家族，英語圏-インドネシア国際家族の比較　東和大学紀要，24, 209-222.

Suzuki, K.（2002）. A study using "Cultural Anthropological - Clinical Psychological approach"：Cultural identity formation in Japanese-Indonesian children. *Bulletin of Saitama Gakuen University*（Faculty of Humanities），2, 1-9.

鈴木一代（2008）．海外フィールドワークによる日系国際児の文化的アイデンティティ形成　ブレーン出版

鈴木一代・藤原喜悦（1992）．国際家族の異文化適応・文化的アイデンティティに関する研究方法についての一考察　東和大学紀要, 18, 99-111.

渡辺文夫（1990）．異文化体験の問題　斎藤耕二・菊池章夫（編）社会化のハンドブック　川嶋書店　pp. 399-412.

渡辺文夫（1991）．異文化のなかの日本人 －日本人は世界の架け橋になれるか　淡交社

第2章

異文化間結婚者の国籍変更と文化的アイデンティティ

1．はじめに

　日本人と外国人の異文化間結婚（国際結婚）は，明治6年（1873年）に，太政官布告第103号（内外民婚姻条規）が布告されたことにより初めて法的に認められたが，当時は，極少数の一部の人に限られていた（鈴木，2000など）。明治32年（1899年）には，「国籍法」が制定されているが，外国人と結婚した場合，日本人男性は日本国籍を保持できたが，日本人女性は日本国籍を失った。日本人女性が外国人と結婚しても日本国籍を喪失しなくてもすむようになったのは，1950年の国籍法改正以降のことである。これ以前においては，日本人女性は，異文化間結婚と同時に，日本国籍を失い，外国人の夫の国籍を取得しなければならなかった。現在では，日本人女性は，異文化間結婚後も，日本国籍を保持することも，夫の国籍に変更することも可能である。すなわち，国籍の選択（変更）は個人の自由意志による[1]。しかしながら，日本は，二重国籍を認めていないので[2]，外国人配偶者の国籍を選択した場合には，自動的に日本国籍を失うことになる。したがって，日本人の異文化間結婚者は，外国人との結婚を決意した時から，国籍の問題に遭遇することになる。国籍を変更する人もいれば，日本国籍を保持し続ける人もいるが，特に，夫の出身国に文化間移動し，そこに居住する日本人女性の場合には，その国の国籍に変更することにより，さまざまな利点（例：就労が可能になる）が生じることも多い[3]。異文化間結婚の日本人女性にとって，国籍を保持し続けるか，配偶者の国籍に変更するかは，アイデンティティや文化的アイデンティティとも関連して，極めて

重要な問題の一つであると考えられるが[4]，国籍変更に至る経緯，気持ちや考え，国籍変更と（文化的）アイデンティティとの関係などについてはほとんど明らかにされていない。

本章では，インドネシアに文化間移動をした異文化間結婚の日本人女性を例に，夫の出身国に居住することになった妻が，どのような経緯によって国籍を変えようという気持ちに至るのか，また，国籍を変更する場合の理由は何かを明らかにする。さらに，国籍変更が文化的アイデンティティ（文化的帰属感）に及ぼす影響についても考察する[5]。

2．調査の概要

調査参加者は，1980年代（主に，後半）～1990年代前半までに，インドネシア人と異文化間結婚をし，バリ州に文化間移動をした国際結婚第一世代（1990年代初期までに第一子をもうけている）の日本人女性のうち，すでに国籍を変更し，インドネシア国籍を保有している人である[6]。調査時点で，国籍を変更したことが判明していたのは，6人（全調査参加者の約2割）だったが，そのうち，国籍変更について詳しい聞き取りをおこなうことが可能だった5人をとりあげる。

調査期間は1993年～2000年（年2回，各3～6週間）であり，調査参加者の自宅，調査者の宿泊施設，日本語補習授業校などで，個人面接（非構造化面接）を実施した。すでに述べたように，調査の基本的な姿勢は，研究者自身が現地に入り込み，調査対象者と継続的にかかわり，信頼関係を築きながらじっくりと真実の姿を引き出そうとするものである（「文化人類学的−臨床心理学的アプローチ：CACPA」）。主な面接内容は，国籍変更に至るまでの経緯や気持ちの変化および日本との関係性である。可能な場合には，会話を録音し，それ以外の場合には，その場で筆記するか，なるべく早い時期に書き留めた。面接データは，出来事や気持ちの変化を時系列に従って整理し，分析をおこなった。なお，上述以外の聞き取り調査やフィールドノーツも参考にした。

調査参加者の属性

調査参加者の主な属性は次のとおりである（表3参照）。なお，属性については，調査参加者が特定されないように，本質的な事実内容に影響を及ぼさない範囲で修正を加えている。

[A1] 30代。日本に留学中の夫（他州出身）と知り合い，1980年代後半に日本で結婚，同時に，国籍を変更し，バリ州に移動する。会社員で，子どもが2人いる。

[A2] 40代。1980年代初頭に初めてバリ州を訪れ，夫（他州出身）と知り合う。1980年代後半に結婚し，同時に国籍を変更する。経営者で，子どもが2人いる。

[A3] 30代。1980年代初頭に初めてバリ州を訪れ，夫（バリ州出身）と知り合う。1980年代前半に結婚し，国籍を変更する。主婦で，子どもが1人いる。

[B1] 30代。1980年代後半に初めてバリ州を訪れ，夫（バリ州出身）と知り合う。結婚2ヶ月前からバリ州に居住し，1990年代初頭に結婚する。結婚の約1年後に国籍を変更する。会社員で，子どもが2人いる。

[B2] 30代。1980年代前半に初めてバリ州を訪れ，夫（バリ州出身）と知り合う。その後，夫が来日し，1980年後半に結婚し，日本に居住する。1990年代前半からバリ州在住。1990年代後半に国籍を変更する。会社員で，子どもが1人いる。

表3　調査参加者の属性

事例	年齢	職業	結婚年	結婚場所	移動時期	国籍変更年	子ども
A1	30代	会社員	1980年代後半	日本	結婚時	結婚時	2
A2	40代	経営者	1980年代後半	インドネシア	結婚時	結婚時	2
A3	30代	主婦	1980年代前半	インドネシア	結婚時	結婚時	1
B1	30代	会社員	1990年代初頭	インドネシア	結婚2ヶ月前	結婚後約1年	2
B2	30代	会社員	1980年代後半	日本	1990年代初頭	結婚後約10年	1

（調査時現在）

3．国籍変更とその理由

　すでに述べたように，異文化間結婚をした日本人女性は国籍を変更しなければならない時代もあったが，現在では，日本国籍を保持することも可能である。それにもかかわらず，日本人女性たちはインドネシア国籍を取得している。表3からは，結婚と同時に国籍を変更した人（事例A1，A2，A3）と，結婚後しばらくしてから国籍を変更した人（事例B1，B2）がいることがわかる。

　次に，それぞれの場合について，各調査参加者の国籍変更の理由を提示し，検討する。括弧（　）内は，著者（面接者）が加筆した。

1）結婚時に国籍を変更した場合

事例A1

　「帰化したのは（ビザなどの）手続きが面倒くさくないということ。私の年代で帰化している人は極少数。仕事も公にできるということもあった。」

事例A2（S＝面接者）

　S：じゃあ，もうずっとバリに住むおつもりですか。
　A2：私は住みたいと思っています。ダンナがどっか行こうって言っても，やだって言うかも。
　S：どうしてでしょう。
　A2：どうしてかしらね。ここは物価が安いし，食べ物も豊富だし，日本食もあるし，メキシカンもイタリアンも何でもあるし。田舎じゃないけど，都会だけど，田舎だし。ツーリストも多いし。なんかね，ミックスしてるでしょ。このアンバランスさが好きなのよね。そんなところかな。私にとっては心地いいのよね。
　S：それで，国籍も変えて。
　A2：国籍なんてどうだっていいじゃない。お金があれば日本に帰れるんだから。
　（中略）

A2：結婚した時は国籍をかえるとかは言わなかったけど（親に対して），後で私は勝手にやりました。

事例A3 （S＝面接者）
A3：あのころは国際結婚している人のビザがむずかしかったんです。インドネシアにした方がスムーズにいく。
S：抵抗はありませんでしたか。
A3：最初はね，抵抗あったけど，やっぱり，変えない事にはしょっちゅうイミグレイション（入国管理局）に通う，毎日通う，金額もすごく高い。

　A1は，在留許可手続きのわずらわしさから開放されるためと就労を理由に国籍を変更している。A2は，永住することを決めており，国籍変更に対して特にこだわりがないが，両親に対しては気を遣っていることがわかる。また，A2は経営者なので，仕事上も国籍を変更する方が有利（就労と財産の保有が可能）だったことが推察される。A3は，国籍変更に対して抵抗はあったが，滞在許可の更新の手続きに時間も費用もかかるので，やむを得ず国籍を変更している。

　日本国籍のまま，インドネシアに長期にわたり在留するためには，在留許可の更新手続きが必要だが，その手続きは複雑であり，時間や費用がかかる場合も多い。また，インドネシア人の配偶者としての滞在許可では，就労は許されていない。インドネシア国籍を取得することにより，滞在許可の更新手続きのわずらわしさから開放され，仕事をすることもできるようになる。つまり，実生活上の便利さのために，国籍を変更したと考えられる[7]。

2）結婚後，一定期間を経て，国籍を変更した場合
事例B1
「結婚したての時に，たまたま父と母が遊びに来て，国籍の話になって，私はあまり関心がなかったっていうか，日本国籍のままでもいいし，インドネシアの国籍でもどちらでもいいと思っていました。そうしたら，両親が国籍変えて問題がないんだったら，変えて，こっちで根をはる覚悟をした方がいいんじゃ

ないのということで変えたんです。それを言う前に，両親が随分悩んだみたいで，母はすごく悩んだみたいで，私の子どもがインドネシア人になるのが……いろいろ思ったみたいで。父はそれはあまり関係ないんじゃないのっていう感じで……ただし，インドネシアという国のことを考えると，国籍を変えて，もしかしたらいろいろと悩むことがあるかもしれないけど，インドネシア人と結婚して，インドネシアに住んでいるなら，インドネシアの国籍に変わっても……すごく軽率な両親ですよね。それに従った私も軽率ですけど。両親はあまり国籍にこだわらなかった人なので，私もあんまり考えませんでした。」（結婚後，約1年で国籍を変更。）

事例B2

「国籍を変えることを考え始めた。それは何があってもここに居続けるつもりになったから。たとえ，夫が死んでも，別れても。何とかして暮らしていける。国籍を変えれば，ビザのためにお金を払う必要もない。（中略）仕事のために国籍を変えるのはいや，変えたいから変えるというふうにしたい。」（結婚後，約10年，現地居住後，約7年で国籍を変更。）

事例B1は，結婚当初は，国籍の問題については明確な考えをもっていなかったようだが，「インドネシアに根をはる覚悟をした方がいい」という両親の勧めにしたがい，国籍の変更に踏み切っている。事例B2は，インドネシアに居続ける気持になったときに，国籍変更を決めている。すなわち，永住する覚悟ができた時点で，インドネシア国籍への変更を決心していることがわかる。

異文化間結婚の日本人女性が国籍を変更する理由は，「在留が簡単になる，公に仕事ができる，など，実生活上の便利さのため」と「永住するつもりだから，インドネシア人になった方がいい」に大別できる。結婚と同時に国籍を変更している場合には，前者の理由が優位だが，その際，すでに永住の覚悟も含まれていることが推定される。ただし，国籍を変更することへのちゅうちょがまったくないわけではない（たとえば，事例A3）。結婚時には，国籍変更を特に考えていなかったが，時間を経て国籍を変更していく場合には，永住を覚

悟した時に，国籍変更を決めている。すなわち，異文化間結婚者の国籍変更については，当事者がおかれている社会・文化環境のなかで，「実生活上の快適さ」と「永住の覚悟」という両者の理由が複雑にからみあい，国籍変更に至ると推察される。

4. 国籍変更に至るプロセス －事例研究

　ここでは，すでにとりあげた事例のなかから，結婚時には，国籍を変更しなかったが，その後，国籍変更を決心した事例B2に焦点を合わせ，B2を取り巻く環境の変化と国籍変更に至るB2の気持ちの変化に着目し考察する。

　事例B2は，日本で結婚し（1980年代後半），約5年間，インドネシア人の夫とともに日本に居住し，その後，夫と子どもとともにインドネシアに移動した。その約6年後に，国籍を変更した。次に，インドネシア移動後からのB2の気持ちの変化を中心に時系列で提示する。なお，本質的な事実内容に影響を及ぼさない範囲で修正を加えている。括弧（　）内は，面接時期，あるいは，著者が加筆した内容を示す。□で囲んだ部分は事実である。

〈199X年〉
　日本からインドネシアに移動
　「親の反対を押しきったのでもう日本には戻れない。」

〈199X+2年〉
　「就労ビザがないまま働いているのでストレスが大きい。X月に日本に一時帰予定だが，だんだんインドネシア人になってきているので，日本に帰っても話が合わなかったり，うまく生活できないかもしれないという不安がある。まだ両親がいるので，時々日本のことを考える。」（春）
　日本に一時帰国
　「日本への一時帰国から戻ってきて，ほっとする。日本ではテンポが早すぎる（喋り方も，テレビのコマーシャルも）。日本にいると渇いてしまう。

インドネシアでは人間らしさを取り戻せる。もし両親などの家族が日本に居なくなったら、ここに永住してもいい。日本が嫌いなわけではないが、もし家族が崩壊してもここに残るかもしれない。　現地の人と仲良くなりたい。(中略)　夫が日本語を話せるので寂しくはないが、日本語で親密にコミュニケーションができる状態がなければやはり寂しい。」(秋)

〈199X＋3年〉

　就労ビザの問題が続く。

「日本には帰らないつもり。日本にいると元気がなくなる。ここにくると元気になる。　昔からここが好きだったから。ここに一生住むつもり。もし離婚してもここに住むかもしれない。日本の実家では、お客という感じが抜けきらない。だからここにいる方がいい。離婚してもここにいようかなと思う。日本には居場所がない。」(春)

「国籍を変えることを考え始めている(インドネシアへ移動後3年が経過)。しかし、5年ぐらいは住まなければならないので、まだすぐというわけではない。(中略)仕事のために国籍を変えたくはない。変えたいから変えるというふうにしたい。」(春)

「インドネシアにのめりこんでいるので、もう日本に戻るつもりはない。日本にいたときは、いろいろと気を遣って、がんじがらめになっている自分が普通だと思っていた。ここに来て初めてそれがわかった。日本の家族にそれを説明してもわかってもらえないと思う。去年、日本に行った時にはっきりとわかった。日本にいると萎えてしまう。ここのいいところは、どんなものでも受け入れるところ。どんなものにでもいいところと悪いところがあることを知っている。そして、あるがままに受け入れる。(中略)おおらかさ。自分が自分でいられる。もちろん生活も大変だし、いそがしいけれども。ふと月や星空を見上げる余裕がある。そして知れば知るほどインドネシア人は個性的な人が多い。そしておもしろい。」(夏)

〈199X＋4年〉

「国籍は変えていないが心情的にはインドネシア。変えないのは、お金と

時間がかかるから。」(春)

父親が他界。帰国し約1ヵ月日本に滞在する

〈199X+5年〉

「国籍を変えようと思っている。日本からははみ出しているし，日本にもう戻ることはない (99%)。たとえ，離婚しても。母親に言ったら，変えたからといって，親子の縁が切れるわけでもないと言われた。それに，もしインドネシア国籍に変えても，日本国籍にもどろうとすれば戻れる。(中略)(相続手続きの際に)必要な証明書があったが，住民票がないのでつくれなかった。日本では何でも証明が必要だけれど，私は，日本サイドでは宙ぶらりん。そこでインドネシア大使館にいったら，インドネシア人ではないからどうにもならないと言われた。いったいこれは何なんだろうと考えてしまった。結局，インドネシアの日本大使館を通して，そういう証明をしてもらうしかないといわれた。(インドネシアに)戻ってからそうしてもらって送った。何もしてくれない日本という国は自分にとってどんな意味をもつのだろうかと考えてしまった。そうだったら，住んでいるところの国籍をとってしまえば，胸をはって働ける。でも，まったくのインドネシア人というわけにはいかない。やはり，外国人だということをひきずるけれど，まだいい。どこにいても宙ぶらりん。」(春X月初旬)

国籍変更手続きを開始

「1年かかる。ここに住むのならここの国籍の方がいい。財産も子ども(親権)ももてる。夫と離婚してもここに住むつもり。ここの方が生き生きとできる。ここは何でもありでおもしろい。」(春X月下旬)

母親が他界

国籍変更のための書類を正式に提出

「早ければあと1年ぐらいでインドネシア国籍になる。うれしい。これで大手をふって好きなことができる。ここに骨を埋めることに決めている。」(秋)

冬に日本に一時帰国

4. 国籍変更に至るプロセス －事例研究　39

〈199X＋6年〉
　「日本にいるとどうも萎えてくる。」(春)

　国籍変更

　「(国籍を変更したからと言って) どうということはない。生き生きと生活している。」(春)

　「日本では生き生きとできない。ここは全員が職人さんや芸術家のようなものだから楽。」(春)

　199X年に，日本からインドネシアに移動し，仕事をするようになってから，労働ビザ取得に関する問題のためにストレスが大きい状態が続く。199X＋2年に，日本に一時帰国するが，インドネシアに戻ってきた時に，ほっとした気持ちになっている。「日本には，居場所がない。両親などの家族が日本に居なくなったら，永住してもいい。」と考えるようになる。199X＋3年春ごろには，インドネシアでは自分自身でいられるので，何があってもインドネシアに居続けるつもりになり，国籍変更を考え始める。199X＋4年春には，日本人だが心情的にはインドネシア人という状態になる。その年に，父親が他界。その後，日本は合わないし，もう戻ることはないと考えるようになり，母親の了解も得られたので，国籍を変えるための書類を揃え始める。しかしながら，国籍を変えても，日本国籍に戻せる可能性についても言及していることから，日本国籍に対するこだわりの気持ちもあることが推察できる。199X＋5年に母親も他界し，インドネシアに骨を埋めることを決断する。その年に国籍変更の書類を提出し，翌年（199X＋6年）には，国籍を変更し，その後，生き生きと生活している。

　夫の出身国であるインドネシアに文化間移動をし，徐々にその環境に傾倒していき，居住3年目から国籍変更のことを考え始めている。その間に，滞在許可の更新や就労ビザの問題もだんだん大きくなってきていることがわかる。父親の他界が国籍変更を促す契機になっているが，まだ迷っている様子がうかがえる。母親も他界した時点で，国籍変更を決断し，実行に移している。このように，国籍変更に際しては，日本にいる両親が生存しているかどうかが大きな

要因になることが推察される。また，国籍を変更することによって得られる，実生活上の快適さや利点，さらに，こころの安らぎの大きさも国籍変更の重要な要因と考えられる。

5．国籍変更と文化的アイデンティティ

　国籍を変更することと文化的アイデンティティ（文化的帰属感）にはどのような関係があるのだろうか。あるいは，国籍を変更すると文化的アイデンティティにも何か変化が生じるのだろうか。ここでは，調査参加者のなかから結婚時に国籍を変更したA2と結婚後に国籍を変更したB1とB2をとりあげ，検討する。

事例A2　（S＝面接者）
A2：パスポートがどこになろうと，関係ない。日本人ですよ。自分がしっかりしてれば。やりたいことがあれば。（中略）ただ不便なのはどこかに行こうと思ったときに，インドネシア人はビザがたくさん必要でしょう。
　S：変わったのは紙の上だけのことで，人間としては……
A2：変わりません。
　S：長く住んでらっしゃると違ってくるということはありませんか。
A2：あるんだろうね。あるけどやっぱり日本人だよね。考え方とか。
　S：どこがここの人と違うんでしょう。
A2：やっぱり頑張りよ，日本人は。たとえば，洋服なんかでも日本人が作ると細かいけど，こっちの人って大雑把でしょ。日本が伸びてきたのはそのへんだと思うよ。クオリティがいいってことで，ボスが日本人だからっていってお客さんも集まるし。やっぱりすごいよ，日本人は。

事例B1　（S＝面接者）
B1：日本に住んでいる日本人からみて，私なんかはインドネシア人なんだろうなと思います。なんとなくそんな感じがするんですけどね。ナーナーですませちゃうところも多いし，いい加減だから。

S：ここに来てから？
B1：昔から，私いい加減ですから，わからないですね（笑い）。私自身はインドネシア人になっても日本人っていう意識があるんです。でも客観的に自分の性格をみるとインドネシア人化してるわねって，思っちゃいます……。
自分でマアいいやって思うことが多くなったことかな。日本にいるときは自分でいい加減な性格だと思いながらも，すごい時間とか約束を気にする方だった。神経質な方だったのですよ。でも，こっちにきて最近あんまりそういうことは，まあいいやって思っちゃって。長い人生，そんなこと気にしたってしょうがないやって。そう思うようになっちゃいました。

<u>事例B2</u>

「いくら国籍を変えても，インドネシア人にはなれない。まわりもそうは見ない。ただ楽になったことはある。ビザの煩わしさがないし，ここで生きていく覚悟ができた。ただそれに伴い，もっとここのことを知らなくてはならないと思うし，ここの人のためになることをしなければならないと思うとそれはたいへん。（中略）根本的な日本人とインドネシア人の違いは，日本人はその日暮らしができないこと。後先考えずにお金がないからと借金はできない……本当にインドネシア人が何を考えてるかはわからない。でもスタッフなどいつもいっしょに過ごす人たちのことは大体わかってきた。」

A2は，国籍を変更しても，日本人であり，日本人的な思考方法をしていることや，日本人や自身が日本人であることを高く評価している。B1は，日常的に，インドネシア人的な行動をとることがあったり，だんだんとインドネシア的になっているように感じてはいるものの，日本人という意識を固持している。B2は，インドネシア人にはなれないことを強調し，むしろ，日本人とインドネシア人の違いをより強く意識している。これらの事例からは，国籍は変わっても，日本人としての気持ちや考え方には変化がないことがわかる。どの事例も，インドネシア人と日本人との差異により目が向くことにより，日本人であることを再認識しながら，現地のなかに，居心地のよい場所を見つけ出そうとしているように思われる。また，特に，婚姻と同時，あるいは，比較的短

期に国籍を変更した場合には（A2，B1），国籍変更は当然，あるいは便宜上のことであるという認識があるため，日本人としての自分を吟味するに至らないまま，日本人意識をもち続けている可能性も考えられる。それに対し，長い期間をかけて，国籍を変更した場合には（B2），日本での自分の居場所や日本人である自分，さらに，インドネシアでの自分の居場所についてすでに吟味している。したがって，心情的にはインドネシア人に傾倒し，国籍を変えたとしても，インドネシア人になれるわけではなく，インドネシア人からは依然として日本人と見られることも自覚しており，結果として，自分が日本人（元日本人）である事実を強く再認識するに至ると推察される。

6．まとめ

　インドネシア（バリ州）に居住しており，インドネシア人と異文化間結婚をした日本人女性（元日本人女性）を例に，国籍変更の理由，および，文化的アイデンティティについて考察した。また，事例の詳細な検討によって，国籍変更に至る経緯とそれにともなう気持ちの変化を把握しようとした。その結果，次のようなことが明らかになった。

　1）異文化間結婚者（女性）の国籍変更の理由は，「実生活上の便利さ」と「永住の決意（覚悟）」である。異文化間結婚者がおかれている社会・文化環境のなかで，両方の理由が複雑にからみあい，国籍変更に至ることが推察された。
　2）また，国籍変更に際しては，両親の存在（生存）が大きな要因になる（両親が生存している限りは，国籍は変更しにくい）。
　3）国籍を変更しても，日本人としての気持ちや考え方には変化がない。むしろ，日本人（元日本人）であることをより強く再認識する。

　国籍変更は，自分自身と日本（両親を含む）との関係，自分自身と新しい国との関係（自分の居場所をみつけられるかどうか）などを慎重に再吟味する過程であり，アイデンティティの問題と深くかかわっていることが示唆される。
　本章では，すでに国籍を変更した国際結婚者をとりあげたが，国籍を変更し

ない人についても同様の分析を行い，両者を比較検討するとともに，国籍変更後のアイデンティティや文化的アイデンティティの変遷を継続的な事例研究によって明らかにしていくことにより，異文化間結婚者の国籍と（文化的）アイデンティティとの関連をさらに明確にしていきたい。

〈注〉
 1）外国人配偶者の出身国の法律とも関係する。
 2）1985年の国籍法改正から，両親のどちらかが日本国籍の場合は，21歳までは二重国籍が認められるようになったが，22歳になる前にどちらかの国籍を選択しなければならない。
 3）インドネシアの場合には，インドネシア国籍に変更することにより，滞在許可更新の際の複雑な手続きや費用が不要になるばかりではなく，就労や財産の保有なども可能になる。しかし，出国手続きは，日本国籍を保持しているよりも複雑になる（例：渡航先のビザが必要）。
 4）国籍変更は，日本のように，基本的に二重国籍を認めていない国の国籍をもつ場合には，重要な問題になるが，生涯にわたって二重国籍を認めている国（例：多くの先進国）では，両方の国籍を保持することができるためあまり問題にならない。
 5）国籍変更の問題については，法律や政治などの側面からもアプローチできるが，本章では，心理学的側面から考察を試みる。
 6）1980年代以前に，インドネシア人と国際結婚をした日本人女性は極めて少数だったが，著者の知る限りでは，全員が結婚時に国籍を変更している。国際結婚をしたら，国籍を変えなければならない，あるいは，国籍を変更するのが当然だと思っていたために，国籍を変更した日本人女性もいた。
 7）国籍の変更は，結婚時には比較的簡単にできるが，それ以降は，国籍変更の申請をしてから，国籍取得までに時間がかかることがある。また，滞在許可（ビザ）の申請の際だけではなく，国籍変更の場合にも相当の費用がかかる。

〈引用文献〉
鈴木一代（2000）．国際結婚と日本人　詫摩武俊・清木弘司・鈴木己史・松井豊（編）
　性格の変容と文化　ブレーン出版　pp. 229-242.

第3章

異文化間結婚者の文化間移動と文化的アイデンティティ

1. はじめに

　前章（第2章）では，異文化間結婚日本人女性の国籍変更と文化的アイデンティティについてとりあげ，国籍変更が，自分自身と日本との関係，自分自身と新しい居住国との関係などを慎重に再吟味する過程であり，（文化的）アイデンティティと深くかかわっていることが示唆された。しかしながら，異文化のなかで，成人中期を迎えた異文化間結婚日本人女性のアイデンティティ形成および（文化的）アイデンティティ形成のプロセスやメカニズムについては十分に検討されていない。

　アイデンティティは，「自分とは何か」についての総合的・統合的な概念であるが（Erikson, 1950など），自分についての総合的・統合的な意識と言える。従来，アイデンティティは青年期の問題として重視されてきたが，近年，生涯発達の視点から，成人期以降の発達を論じる場合にも重要な概念になっている（Franz & White, 1985；Josselson, 1992；岡本, 1994, 2002, など）。たとえば，岡本は（1994），成人期のアイデンティティについてラセン式発達モデルを提唱している。他方，文化的アイデンティティは，「自分がある特定文化集団のメンバーとある文化を共有しているというという感覚・意識」（文化的帰属感・意識）である（「序章」参照）。異文化（ホスト文化）のなかで生活しながらも，出身文化を意識しなければならない状況が多い異文化間結婚者にとって，文化的アイデンティティは，中核的な課題（問題）であり，自分についての総合的・統合的な意識であるアイデンティティ形成と深くかかわっていると

考えられる。なお,ここでの文化は,出身地や居住国(地)文化の総体であり,個人に焦点をあてると,言語と文化実践を媒介として習得されたもの(知識・感情)の総体である。

本章では,配偶者の出身国・地(文化)に移動し,異文化のなかで成人中期を迎えた日本人女性のアイデンティティおよび文化的アイデンティティ形成について,二文化環境との関係(二文化の接触)に着目し検討する。具体的には,1)成人中期の異文化間結婚の日本人女性が,時間の経過とともに,二文化,すなわち,出身国である日本(日本文化)と居住国(現地文化)との間で,アイデンティティを形成していくプロセス,および,2)二文化が接触する際の文化的アイデンティティの"ゆらぎ"[1]のメカニズムを明らかにする。

2.調査の概要

インドネシア人との結婚により,1990年代初頭ごろまでに,居住地をインドネシア・バリ州に移した成人中期の日本人女性16人(40代から50代)が主な調査参加者である[2]。国籍変更者10人(内5人は結婚時に変更),日本国籍保持者6人である。教育程度は高校卒業から大学卒業,宗教については,ヒンドゥ教8人,イスラム教4人,そのほかが4人である。調査期間は1991年から2006年(年2～3回,各約2週間～6週間)である。

調査方法は,縦断的フィールドワーク,ラポールの重視と支援,面接と参与観察の反復,マクロ・ミクロ的視点,事例研究などを主な特徴とする「文化人類学的―臨床心理学的アプローチ(CACPA)」であるが,主に面接法を用いている(第1回目は,半構造化面接,それ以後は,非構造化面接)。面接の回数は,調査のなかでの調査参加者の位置付けや各自の事情によって異なるが,2回から60回程度(電話やメールを含めない)である[3]。各回の面接時間は,10分程度から5～6時間である。面接調査は,調査参加者の自宅や仕事場,調査者の宿泊施設,レストラン・カフェ等で実施したが,一部の面接は,調査参加者が日本に一時帰国中におこなった。面接のポイントは,調査参加者の日本人女性が,1)二つの文化の間で自分自身をどのように位置付けているか(特に,国籍変更前後の気持ちの動きに着目する),2)日本人・日本文化と接触し

た時(日本への一時帰国,日本からの日本人訪問者との接触)の気持ちのゆらぎを把握することである。面接の際には,録音機器の使用が可能な場合には,調査参加者の許可を得て会話を録音し,それ以外の場合には,その場で筆記するか,なるべく早い時期に書き留めた。面接データおよびフィールドノーツに基づき,個々の事例について,重要な出来事や気持ちの変化を時系列に従って整理し,質的な分析をおこなった。

3. 二つの文化とアイデンティティ形成

3.1 共通事例

「共通事例」とは,複数事例(調査参加者)に共通している事柄を抽出し,それらを基に再構成した事例である[4]。匿名性を保持しながら,事例の提示が可能な点で有用な方法と考えられる。ここでは,配偶者の出身国(インドネシア)に移動した日本人女性が,成人中期において,日本文化とインドネシア文化との関係性のなかで,アイデンティティを形成していくプロセスを把握するために,まず,第2章で文化的アイデンティティと深いかかわりがあることが示唆された「国籍変更」を中心に,調査参加者ごとに,気持ちの変化を時系列で整理する。次に,各調査参加者の共通事項を抽出する。さらに,重要な共通事項(①から⑧)を中心に,インドネシア人と結婚し,インドネシアに文化間移動をした日本人女性のアイデンティティ形成のプロセスを再構成し,事例(共通事例)として提示する。その際,必要に応じて,面接データやフィールドノーツから具体的な事例を引用する。引用事例(表4)は,結婚後国籍変更をした5事例および国籍未変更の2事例であり,全員40代である。なお,本質的な内容に影響がない範囲で,事例には多少の変更を加えている。引用中,下線は重要な気持ちの動きであり,著者が加筆した。

共通事例(40代)

　概略　1980年代前半に,初めてインドネシアを訪れ,インドネシア人の夫と知り合う。その後,数年間の交際期間後(インドネシアへの訪問等),1980年代に結婚。結婚と同時に,インドネシアに移動する(数年間,日本に滞在し

3. 二つの文化とアイデンティティ形成

表4 引用事例の概要

事例	年齢*	職業	結婚年/場所	移動時期	国籍変更時期 (移動後年数)
B	40代	自営	1980年代後半/日本	1990年代初	10年余
C	40代	自営	1980年代後半/インドネシア	1980年代	10年余
D	40代	自営	1980年代後半/インドネシア	1990年代初	10年余
H	40代	会社員	1980年代後半/日本	1990年代初	10年未満
I	40代	自営	1980年代後半/インドネシア	1980年代	10年余
K	40代	主婦	1980年代前半/日本	1980年代	未変更
M	40代	主婦	1980年代前半/日本	1990年代初	未変更

*調査年現在

てから，インドネシアに移動する場合もある）。

①日本からインドネシアへ移動

異文化のなかで生活するためにカルチュア・ショック（Oberg, 1960）がある。滞在許可や就労許可の取得手続きのわずらわしさ（時間と経費がかかる）を経験する。そのため，ストレスが少なくない（特に，就労許可に関する複雑な手続きの必要性によるストレス）。永住については未定。気持ちは，日本に向いており，国籍変更については考えていない。

「日本のことはよく思い出す。帰国したいと思う。骨だけは日本に帰して欲しい。」(B)
「日本の常識とここの常識はまるっきり違う。主人は，ここはインドネシアだから日本の常識を持ち出しても役に立たないって言うんですけれど。そう言われても，30年近く日本の習慣で育っていると，なかなかダメなんです。染め変えることができない。」(C)
「年をとったら日本に帰りたい。その時になってみないとわからないけれど。夫も日本に住みたいと言っている。私も両親のそばにすみたい。」(I)

②第1子の誕生[5]

③日本に一時帰国（繰り返し）

一時帰国時の日本での生活とインドネシアにおける生活を比較する。日本への一時帰国が繰り返され，そのたびごとに，気持ちがだんだんとインドネシア（居住地）へ傾いていく。

「インドネシアに戻りほっとする。日本には，居場所がない。両親などの家族が日本に居なくなったら，永住してもいい。」（H: 日本に一時帰国し，インドネシアに戻った後の面接）

④国籍変更（永住）を考慮し始める

移動後，数年後から始まるが，その人が置かれた状況などにより個人差がある。一時帰国時の日本での体験とインドネシアにおける生活との比較検討が継続される。30代後半から40歳にかけて，国籍変更，あるいは「永住」を考えるようになる。

「日本にいると日本もいいし，ここにいるとここがよくなる。インドネシアに居着いてしまっていいかなあと思う。そして年に2回ぐらい日本にいくパタンがいい。」（B）
「40代は人生の半分，折り返し地点にきた。残りの人生は自由に楽しく生きたい。子どもも大きくなってきた。今までは，子どものため，夫のために生きてきた。お母さんでもなく，妻でもない，自分として生きたい。インドネシア人になれば，仕事も自由にできるし，物も所有できる[6]。日本の医療は魅力的だが，ここの医療も最近よくなったし，お金があればなんとかなる。日本に戻っても，仕事がなかったり，好きでもない仕事をしなければならないようならば，ここにいる方がいい。日本のものもほとんど手に入るので不自由しない。だから，ここに一生住んでもいいかもしれないと思う。」（B: インドネシアに戻った後の面接）
「日本に行った時にはっきりとわかった。日本にいると萎えてしまう。ここのいいところは，どんなものでもあるがままに受け入れるおおらかさ。自分が自分でいられる。もちろん生活も大変だし，いそがしいけれども。離婚し

ても，ここにいようかなと思う。日本には，居場所がない。」(H：インドネシアに戻った後の面接)

⑤日本に一時帰国（繰り返し）
　一時帰国が何回か繰り返される場合も少なくない。引き続き，日本での生活とインドネシアにおける生活が比較検討されるが，まだ決定できない。国籍を変更しても，また日本国籍に戻せる可能性も考慮している。インドネシアに戻り，時間の経過とともに，気持ちはさらにインドネシアに傾いていく。

「このままで人生が終わるのかと思うといやだ。子どもを育てて，掃除をして……自分のものも何もない。国籍を変えれば，夫に頼らなくても，すべて自分の名義にできるし，もっと自分でやりたいようにできる。日本には帰るところがない。居場所がない。日本に帰国したとき居心地はよくなかった。日本で子どものいる友達はみんな働いているし，大変そう。この年では，働く場所もない。だったら，ここに居たほうが楽。なんとか生活していける。母も国籍変更に賛成してくれた。病気になってもなんでも，もう日本を頼ることはできない。」(B：インドネシアに戻った後の面接)
「日本は合わないし，もう戻ることはない。母親の了解も得られたので，国籍を変えようと思う。国籍を変えても，日本国籍に戻すこともできる。」(H①：インドネシアに戻った後の面接)
「両親が他界し，ここに骨を埋めることに決める。」(H②：①の1年後)
「日本はいろいろ制限があって暮らしにくい。早くインドネシアに帰りたかった。ここの方がいい。落ち着く。ここに永住するつもり。」(I①：インドネシアに戻った後の面接)
「10％か20％かはわからないがインドネシア化している。ここに住み，ここのものを食べているのだから。でも国籍は変えるつもりはない。それにまだここにずっと住むかどうかもわからない。」(I②：①の1年後)

⑥国籍変更のための書類の提出と国籍変更（居住10年前後）
　国籍変更のための審査には，数ヶ月以上かかるが，国籍変更後は，インドネ

シア人として就働も可能になるし，わずらわしい滞在許可の更新の必要性もなくなり，居住地に定着し，落ち着いた生活を送れるようになる。国籍変更の主な理由は，「実生活上の便利さ」と「永住の決意（覚悟）」である（鈴木，2003）。国籍変更に際しては，親への配慮が見られる。居住10年前後で変更する場合が多い。

「<u>ここで死んでもかまわない</u>。どうなるかはわからない。何が起こるかわからないから。」（C）

「今は，ここのことをもっとよく知って，<u>インドネシア人（バリ人）になりたい</u>。インドネシア人のように生活している。日本のことを考えることはほとんどない。80％ぐらいインドネシア（現地人）になりたいと思っているからかもしれない。<u>もう日本に戻るつもりはない</u>。」（B）

「<u>ここに住むつもりだし，インドネシア国籍の方が何かと便利。インドネシアの方が楽</u>。ここも便利になった。母親はインドネシア国籍になるのは当たり前のように言っているので，変更の際に問題はなかった。」（D）

「国籍を変えた方（インドネシア人になる方）が（滞在ビザを更新するより）安かった。仕事も自由にできる。<u>国籍を変えても，日本人。日本で生まれて育ったので，気持ちや考え方は日本人</u>。母親には，国籍変更のことを言ったが，父親には，ちょっとほのめかした程度。日本に３年住めばまた元に（日本国籍に）戻れるので，それならばいいと思う。<u>日本国籍で不自由な生活をするより，ここでの日々の生活がしやすい方がいい</u>。」（I）

⑦日本への一時帰国（繰り返し）

　国籍変更後も，一時帰国を繰り返す。その度に，国籍を変更し，インドネシア人になったことやインドネシアに永住するという判断が正しかったことを再確認する。

「<u>インドネシアが自分の居場所だと思った</u>。」（I：インドネシアへ戻ってからの面接）

⑧ 老後の居場所を考え始める

　老後の生活や死後のこと（例：埋葬）が重要なテーマになり，インドネシアと日本における老後の生活が比較検討される。加齢や子どもの成長（独立）によって，より身近な問題として，「永住（地）」について再吟味することになる（その際，子どもの負担の軽減も考慮している）。国籍未変更者の場合も同様である。

　「田舎の親戚でお葬式があった。日本よりもよかった。いいなーと思った。それにここには友達がいる。日本にはあまり行きたくない。」(D)
　「これから年を取っていくことを考えると，ここの方がいいかもしれないと思う。おじいさん，おばあさんになったとき，日本の方がさびしいかもしれないと思う。みんな遠慮して生活している。同世代の人たちは幸福そうに見えない。仕事—家庭—育児で本当に疲れている。だから，日本の生活がいいようには思えない。日本で，夫と子どもといっしょに生活しても幸せにはなれないように思う。（日本で）仕事をしていくことは可能だと思うが，インドネシアのここだから住みたい。子どもと老人はここの方がいいと思う。日本にいるみんなの生活をみているといそがしいし，満足していない。日本で老後を過ごしても幸せになれないような気がする。やっぱりインドネシアかな。インドネシアに住んでいた方が私は幸せかなって感じはする。ダンナと子どもがいて，仕事してて，友達もいる。」(I：日本滞在時の面接)
　「ずっと日本にいるのも大変だし，ここにずっといるのも飽きる。時々行ったり来たりするのがいい。年をとったらここ。ここで死ぬ。どこかのお墓に入るか，灰をまいてもらうか。」(K)
　「今は，とても気楽だし合っている。自由に好きなことができる。国籍は変えるつもりはないが，死んだらどうするかとうことを考えると，ここのやり方で（海に）流してもらえばいい。魂はどこかにいると思うし，その方が子どもたちが楽。日本のお墓にいても，毎年，行くとなると……。」(M)

3.2　アイデンティティ形成のプロセス

　上記の「共通事例」に基づき，異文化間結婚女性のアイデンティティ形成の

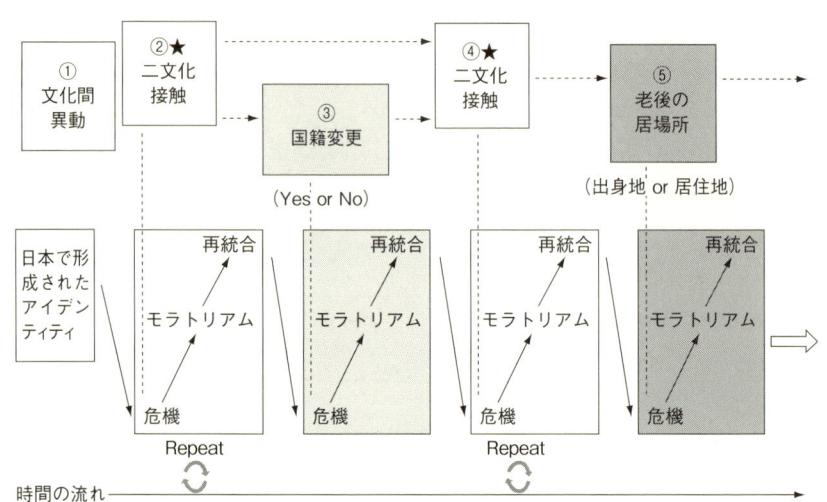

★異文化間結婚者の文化と,現地文化あるいは日本文化との接触

図1 文化間移動とアイデンティティ形成のプロセス(モデル) ―異文化間結婚女性の場合
(鈴木,2006；Suzuki,2008)

プロセスを図示すると,図1のようになる。アイデンティティ形成のプロセスは,時間の流れとともに,①から⑤へとラセン的に進行していくと推察される。

①文化間移動時には,異文化間結婚者のアイデンティティは,日本社会・文化のなかですでに形成されている。

②新しい文化のなかで生活することによって,アイデンティティの再構築が始まる。自文化(日本文化)と新しい文化(インドネシア文化)との接触は,アイデンティティの危機,すなわち,自分のなかで,二つの文化の関係性をどのように位置付け,統合していくかという危機をもたらす。危機は,文化移動による二文化の接触直後に生じるが,通常,性急な解決は要求されない状態のまま(モラトリアム),再統合に至り(一時的な再統合,仮の再統合とも考えられる),次に,二文化が接触するまでは,その状態が継続する。

文化間移動以降の「二文化接触」には,配偶者や居住地の文化・社会環境との日常的な接触,および日本への一時帰国や日本からの訪問者(親族,友人)

3. 二つの文化とアイデンティティ形成

による日本文化（出身文化）との接触がある。異文化間結婚者のアイデンティティ形成には，後者が重要な意味をもつ。すなわち，一時帰国や日本からの訪問者がもたらす新鮮な日本文化と異文化間結婚者がそれまで居住地で体験した（内在化した）インドネシア文化との接触である。そのなかで，異文化間結婚者が二つの文化の関係をどのように位置付けていくかが問題となる。このような二文化接触は，日本への一時帰国や日本からの訪問者が訪れるたびに生じるが，そのたびに，危機やモラトリアムを経て再統合されると考えられる（二文化接触については，次節でさらに検討する）。

③結婚時に国籍を変更しなかった場合には，国籍変更は，二つの文化と自分との関係を総合的に見直す人生の重要な出来事となり，アイデンティティ形成に大きな影響を及ぼす。国籍変更は，定住地・永住地の選択や死に場所の選択と関係し，法律（国籍法，財産分与法など），政治，医療，社会・経済的環境，自然環境，人間環境などについて，両国のプラス面とマイナス面が慎重に吟味されるプロセスである。国籍変更に関連して，二つの文化を自分自身との関係で総合的に見直す主な視点としては，夫婦関係の見直し（離婚しても永住するかどうかを含む），子どもの成長，残された時間の自覚，自分自身の世界の確立，インドネシアとの関係と居場所（仕事を含む），日本との関係と居場所（親の存在，仕事の可能性など）がある（鈴木，2003）。仕事をしていない場合（例：主婦）や親が存命中の場合には，国籍変更をしない異文化間結婚者が多いが，国籍変更はしなくても，「永住（地）」については常に吟味され続け，国籍変更と同様に重要な意味をもつことになる。

④国籍変更をした場合もしない場合も，その後も，二文化が接触する機会（一時帰国，知人などの来訪）はたびたび生じる。そのたびに，二つの文化の関係性の位置づけがおこなわれるが，国籍変更をした場合には，その決定が再吟味される。

⑤成人中期が経過するにつれ（成人中期の1/3以降），国籍の変更如何にかかわらず，身近に迫った重要な問題として，永眠地を含む老後を過ごす場所（老後の居場所）が再度浮上してくる。

異文化接触という危機に直面した異文化間結婚者は，モラトリアムを経て，

時間とともにアイデンティティを再統合していく。出身文化（新鮮な出身文化）と現地文化（体験し，内在化された現地文化や目前の現地文化）という二つの文化が接触する度に，危機的状況が生まれ，アイデンティティが再統合されることが，繰り返されることによって，アイデンティティが形成されていくと考えられる。二文化環境は，生き方の選択肢を増やす。しかし，選択肢の多さは，モラトリアム状態の継続や何も選択しないで，成り行きまかせで，中途半端な状態（混沌とした状態）を維持し続ける可能性も生み出す（例：いつになっても永住の決意をしない）。したがって，単一文化のなかでのアイデンティティの発達モデル（例：岡本，1994）に，二文化の接触によって生じる重要な事柄（国籍変更や永住地の選択）が加わることにより，アイデンティティの形成過程はより複雑になると考えられる。

4．文化的アイデンティティのゆらぎのメカニズム

　成人中期を中心に異文化間結婚日本人女性のアイデンティティ形成のプロセスについて考察したが，ここでは，そのなかの「二文化接触」，すなわち，二つの文化の間での文化的アイデンティティのゆらぎの場面をとりあげ，そのメカニズムを明らかにする。

4.1　事例と考察
　まず，日本への一時帰国時やその後インドネシアに戻って来た時の気持ち，および，日本からの訪問者との交流のなかで感じる気持ちに関連して，3つの事例（40代）を提示する（事例H，事例M，事例I）。なお，個人が特定されないように，本質的な内容に影響がない範囲で，事例には多少変更を加えている。括弧（　）内は補足説明，□は重要な言葉（「ずれ」，「違和感」，「違い」など），下線は重要な部分であり，筆者による加筆である。

（1）　**事例H**
　1990年代前半に移動。その後，数回日本に一時帰国。国籍は変更済み。

4．文化的アイデンティティのゆらぎのメカニズム

1）日本から来た友人との「ずれ」

　国籍を変えてから，だんだん変化してきている。この間も日本から友達がきたが，微妙なところで ずれた 。だから疲れる。価値観の違い，つまり，大切だと思うところが違う。私は，ここの事情をよく知っているし，こういう場合，インドネシア人はこう考えるというのがよくわかっている。でも，日本から来た人は知らないので，自分たちのいいように解釈する。日本の考え方もいいと思うが，私はインドネシア人よりなので，だから ずれる 。日本人観光客や新しく来た日本人とは ずれる が，①ここにずっと長く暮らしている異文化間結婚の日本人女性とは ずれない 。（フィールドノーツ200X年からの抜粋）

2）日本への一時帰国から戻った後の気持ち

　1週間日本に行った。②日本にはついていけないと思った。テレビで話していることが速くてわからないし，字幕が出る。その字幕を読んでなんとか理解できた。地下鉄の乗り方もわからないし，SUICAも知らなかったし，広告をみても何を言っているのかわからなかった。早くインドネシアに戻りたかった。（フィールドノーツ200X年からの抜粋）

3）考　　察

　事例Hは，日本から来た友人との「ずれ」について言及している。両方の文化を理解しており，二つの視点から見ることができる事例Hと日本人の視点からしか見ることのできない友人との「ずれ」と考えられる。しかしながら，この「ずれ」は，日本人の友人の日本文化が，事例Hの知っている日本文化（日本に住んでいたころの日本文化）ではないことによって生じたものとも考えられる。それは，事例Hが日本に一時帰国したときに，「日本にはついていけない」（下線②）と感じていることからも推察される。また，事例Hは，日本から観光に来た日本人の友人とはずれても，長期滞在の異文化間結婚者とはずれないことについて言及している（下線①）。これは，同じような生活環境（生活空間と時間）のなかにいる異文化間結婚者間では，共通点が多くなっており，したがって，ずれを感じないためと推察される。また，異文化間結婚者は二つの文化あるいは視点をもっているという共通点（メタ文化認知が可能）があるため，お互いに違和感がなく，親和性があることによるとも考えられる。

（2） 事例M

1990年代初期に移動。日本への一時帰国のうちの2回は長期滞在。国籍未変更。

1） 日本在住の日本人との違い

国籍は変える気にはならない。変えても日本人だから。でも，最近は，だんだんインドネシア人ぽくなってきた。日本で生活していないから。ここに住んでいる日本人はなんとなく服装とか態度でわかる。ここの日本人しかわからないような言葉の使い方をする。日本語にインドネシア語が混ざったりすると普通の日本人はわからない。たとえば，値段がインドネシア語になるとか，makan（食べる）やmandi（入浴する）とか，そういう生活している。ここでの普通の生活は日本から来た人にとっては普通ではないみたい。日本人のなかにいると日本人と違うことがわかる。日本に行ったときも日本人じゃないみたいと言われた。（フィールドノーツ200X年からの抜粋）

2） 考　察

事例Mは国籍を変更していないが，インドネシア化してきていると感じている。その理由として，日本ではなく，インドネシアで生活しているので，いろいろなところに（服装，言葉など）現地文化が入ってきていることをあげている。したがって，インドネシアに住む日本人とは共通点があるが，日本から来た日本人とは違うことに言及している。また，日本に一時帰国した時の経験から，自身が日本人とは違うこと，違うように見えることを認識していることがわかる（下線部分）。

（3） 事例 I

1980年代後半に移動後，長期滞在を含め時々日本に一時帰国。国籍変更済み。

1） 日本人との「ずれ」とインドネシア人との「ずれ」

日本人じゃない。物事の考え方，純粋な日本人とはずれてしまう。かと言って，インドネシア人とも違う。①インドネシアにいてもそう感じる。日本人には，インドネシア人のようなエネルギーがない。難しく考える。もっと単純に考えたってOKなところ，そうしない。だから，疲れる（インドネシアの方が楽）。（中略）日本人とは見る視点が違う。いいとか悪いとかの問題ではない。

②日本ではそうなのか，でもインドネシアではそうは考えないなとか思う。(中略)もしここ（日本）に住むことになったらそれでも住むことはできると思う。今はインドネシアがベースだから，日本で 違和感 があるが，日本にずっと住んでいたら戻るかもしれない。だって昔いたことがあるから。(日本帰国時200X年の電話によるメモより)

2）インドネシア人と日本人の間で

③日本からは浮いてしまうが，インドネシアにいたら日本人。インドネシア人ではない。④中味は日本人。基本は日本で生まれて育ったということは頭にあるけれど，日本にいるのと同じぐらいの長さを外国で暮らしている。そうなってくると必ずしも日本人の頭ではないし，かといってこちらの人の頭でもない。⑤両方ミックスで考えていて，自分がよかれと思った方法でしかやらない。たまにはインドネシアっぽくやっているし，たまには日本人的にやっている。日本に戻って日本人と話をしていると，私は外国暮らしだから 違う と思うこともある。それはそうだと思う。現実に外国で暮らしているから。でも⑥インドネシア人にはなれない。(フィールドノーツ200X年より抜粋)

3）考　察

事例Ⅰは，日本人との「ずれ」についてだけではなく，インドネシア人とも「ずれる」ことに言及している(下線①③⑥)。また，日本とインドネシアの考え方を相対化していることがわかる(下線②⑤)。すでに述べたように，異文化間結婚者が両方の文化を知っていること(メタ文化認知的なもの)が，「純粋」なインドネシア人とも，「純粋」な日本人とも違うように感じることの一因とも考えられる。また，日本では「違和感」があることを述べながらも，昔住んでいたことがあるので，住めばまたもとに戻るかもしれないと述べていることは興味深い。「中味は日本人」(下線④)に，日本で培われた基盤のある部分は保たれているが，ある部分は，忘却や新しい文化による侵食によって，あるいは，新しい環境のなかで生活していくために，変化してきていることが示唆される。

4.2　事例全体の考察

上記の事例のように，配偶者の国に移動した異文化間結婚者は，国籍の変更

X＝日本在住日本人　Y＝インドネシアに移動し，インドネシア人と結婚した日本人
Z＝インドネシア在住インドネシア人

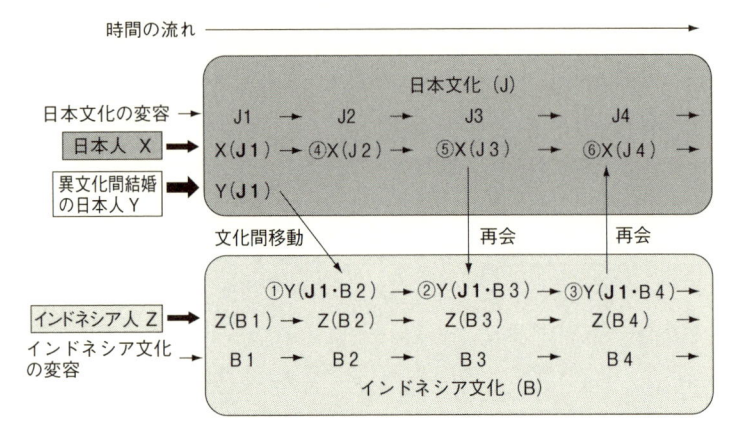

図2　時間の経過と異文化間結婚者の文化的"ずれ"の感覚
（鈴木，2006；Suzuki, 2008）

の如何にかかわらず，時間の経過とともに，日本人との「ずれ」について言及することが増える。現地化しているという感覚をもつ人も少なくなく，日本人としての感覚（文化的アイデンティティ）がゆらいでくる。この現象は，図2のように示すことができる。

Xは出身文化（日本文化J）に住んでいる日本人だが，Yは新しい文化（インドネシア文化B）に移動した日本人異文化間結婚者である。日本文化Jは時間の流れととともに，変化していく。それをJ1，J2，J3……として示した。インドネシア文化をBとすると，インドネシア文化Bも時間の流れとともに変化していき，B1，B2……とわずかずつ変容していく。XもYも，日本では同じ日本文化J1を共有している。すなわち，X（J1）およびY（J1）の状態である。

Yが，インドネシア文化Bに移行した後，一時帰国などによって，日本文化Jに触れることがないと，Yの日本文化J1，すなわち，Y（J1）はそのまま変化することはなく，J1のまま留まる。他方，時間とともに，Yのなかにイ

ンドネシア文化B2がだんだん浸透していき，Yの日本文化J1にインドネシア文化B2が入ってきて，Y（J1・B2）となる（①）。Yは，インドネシア文化のなかで生活しているので，日本文化J1はそのままの状態だが，インドネシア文化が，B2からB3，B3からB4と変化していくと，Yのインドネシア文化も，B3，B4と変化していき，②Y（J1・B3），③Y（J1・B4）となっていく。ところで，その間，日本文化に住むXも，日本文化が変化するにつれて，④X（J2），⑤X（J3）と変わっていく。

　一定の時間を経て，たとえば，⑤X（J3）がインドネシア（文化）を訪れることにより，Yと再会することになると，Yの文化はY（J1）ではなく，すでに，②Y（J1・B3）となっている。その状態で，⑤X（J3）に会うと，Yの日本文化（J1）は活性化するが，Xの日本文化は，J1文化ではなくJ3文化なので，Yは，Xの日本文化J3との「ずれ」（不快・違和感）を感じる（もちろん，インドネシア文化B3の影響も考えられる）。異文化間結婚者Yが，そのような体験をたびたびすると自分は日本人ではなくなってきたと感じるようになると推察される。ところで，⑤X（J3）から見ても，Yは，Y（J3）ではなく，①Y（J1・B3）になっている。そのため，Xは，Yを以前と比較すると異なってきた，あるいは，日本人的ではなくなったと感じる。

　次に，逆に，Yが③Y（J1・B4）の状態で，日本を訪問すると，日本文化はすでに，Yが知っている日本文化J1ではなく，J4に変容しているので，Y自身もJ4文化とのずれを感じることになるし，J1・B4文化をもつY（③）は，日本文化J4（⑥）の人からみると，やや異なった日本人に見えることになる。

　ところで，Yは，さらに，インドネシア文化出身者Zとも常にずれることになる。それは，Yはインドネシア文化のなかで成長したわけではないので，Yがインドネシア文化に来る前のインドネシア文化B1については知らない（共有できない）ことによる。Yが初めて出会うインドネシア文化は，インドネシア文化B2からなので，初めからずれがあると言える。したがって，Y自身もインドネシア文化の人Zとはずれがあるように感じるし，インドネシア文化の人ZからYを見ても同様なことが生じる。Yとインドネシア文化出身者Zとの違いは，時間の経過とともに，Yのインドネシア文化の部分が拡大することによって，少しずつ埋まっていく可能性はあるが，インドネシア文化のなかで育ち，

生活して来た人とのずれがまったくなくなることはないと考えられる。Yが，そのままインドネシア文化に留まれば，インドネシア文化へさらに文化化（B4→）することになるし，日本文化（J4→）に戻れば，日本文化J1とインドネシア文化B4を引きずったまま（J1・B4），日本文化（J4→）との間で調整をしていくことになる。

また，同じような体験をした人（している人），すなわち，異文化間結婚者間の交流の際には，たとえば，異文化間結婚者Y1（J1・B2）と異文化間結婚者Y2（J1・B2）は，日本文化J1とインドネシア文化B2という同じ文化をもっていたり，メタ文化認知を共有しているので，そのような人たちとは，違和感なく過ごせることになる。

以上，日本人としての感覚がゆらいでくる現象，すなわち，文化的アイデンティティのゆらぎのメカニズムを，時間の経過と二文化との関係性によって説明したが，実際には，両文化の相互作用による文化変容なども考慮しなければならず，より複雑であることが推察される。また，Yのなかでの，日本文化（J1〜）とインドネシア文化（B2〜）の割合によってもずれの大きさは異なってくる。インドネシア文化が大きくなれば，インドネシア人とのずれは少なくなるが，日本人とのずれは大きくなる。ずれの程度は，固定的なものではなく，その時々によって変化していくと考えられる。

5．まとめ

本章では，配偶者の出身国・地（文化）であるインドネシアに移動し，異文化のなかで成人中期を迎えた異文化間結婚の日本人女性が，時間の経過とともに，出身国である日本文化と現在の居住国のインドネシア文化という二つの文化の間で，アイデンティティを形成していくプロセス，および，二文化の接触時における文化的アイデンティティのゆらぎのメカニズムについて論じた。

文化間移動をした異文化間結婚日本人女性のアイデンティティ形成については，二文化の接触が，多かれ少なかれアイデンティティの危機の状況を生み出し，モラトリアムを経て，アイデンティティが再統合されていくこと，また，二文化が接触する（危機）たびに，アイデンティティは再統合され，その繰り

返しによって，日本で形成されたアイデンティティがラセン状に再構築されていくことが推察された。ここでの二文化接触には，異文化間結婚者と配偶者の文化・社会との接触，および異文化間結婚者がそれまでに体験した（内在化した）インドネシア文化と新鮮な日本文化との接触があることが言及された。また，異文化間結婚者のアイデンティティ形成においては，「永住の決意」やその意味が含まれる国籍変更が重要な課題であることや，成人中期の経過とともに，永眠地を含む老後の居場所が身近な問題として浮上し，再吟味されることが指摘された。

次に，二文化接触によって生じる，異文化間結婚者が感じる文化的アイデンティティのゆらぎ，すなわち，日本人としての感覚がゆらぐ現象についてのメカニズムが，時間の経過と二文化の関係性によって説明された。

結局，文化間移動をした異文化間結婚者は，二文化接触を頻繁に体験することになるが，そのたびごとに，文化的アイデンティティのゆらぎ，すなわち，日本人なのか，インドネシア人なのかを考えなければならない場面に遭遇し戸惑いを感じることになることから，アイデンティティ形成についても，単一文化におけるアイデンティティ形成よりも複雑な道筋をたどることになると考えられる。

今後の課題としては，成人中期から成人後期に移行していく異文化間結婚の女性を追跡研究をすることによって，生涯発達心理学の視点から，文化間移動と文化的アイデンティティ形成のプロセスをさらに明確化することや，本研究で提示した文化的アイデンティティのゆらぎのメカニズムについて精緻化するとともに，より包括的な説明を構築することがあげられる。また，異文化間結婚の日本人女性だけではなく，日本人男性や，インドネシア在住の欧米圏出身の異文化間結婚者についても吟味することにとによって，本研究の知見をさらに深めていく必要性があるだろう。

〈注〉
1）ここでは，新しい文化との「ずれ」の感覚によって，文化的アイデンティティが

ゆらぐ現象，すなわち，日本人という感覚がゆらぐことを指す。なお，浅井（2006）は，異文化との関係を再構成する際に，自分の情動が最も肯定的に感じられるように自分自身の文化的アイデンティティの「カテゴリー」を選択したり，新たなカテゴリーを創造するプロセスを「文化的アイデンティティのゆらぎ」と呼んでいる。

2）本章は，1991年より，インドネシアのバリ州で実施しているフィールド調査の一部である。全調査参加者は，インドネシア人と結婚した日本人女性30～40人だが，継続的な調査のため，多少変動がある。

3）中心的な調査参加者の場合は，調査のたびごと，それ以外の場合は，1～3年に1回程度の面接調査をおこなっている。また，途中から参加した参加者の場合には，回数が少なく，回想的面接も実施している。

4）「共通事例」は，研究上必要ではあるが個人的な情報が多く含まれているために事例をそのままの形で提示するのが難しい場合に，事例を提示する方法として著者が考案した方法である。一定数（5事例以上が望ましい）の事例（調査参加者）は必要になるが，調査参加者の匿名性を保持しながら，事例の提示が可能である。特に事象を時系列に整理できる場合に有用と考えられる。なお，「共通事例」は，複数事例のなかの共通事項を抽出し再構成した事例であるため，いくかの事例の代表である「典型事例」とは異なる。「共通事例」の詳細については，稿を改めて論じたい。

5）調査地では，通常，第1子は，結婚後1年以内に誕生するのが一般的とされており，実際にも，1年以内の出産が多い。

6）インドネシアの法律では，外国人は家屋・土地等の財産を所有することができない。

〈引用文献〉

浅井亜紀子（2006）．異文化接触における文化的アイデンティティのゆらぎ　ミネルヴァ書房

Erikson, E. H. (1950). *Childhood and society*. New York: Norton.（仁科弥生（訳）(1977)．幼児期と社会 I・II　みすず書房）

Franz, C. E. & White, K. M. (1985). Individuation and attachment in personality development: Extending Erikson's theory. *Journal of Personality*, 53, 224-256.

Josselson, R. L. (1992). *The space between us*. San Francisco: Jossey-Bass Publication.

Oberg, K. (1960). Culture shock: Adjustment to new cultural environment. *Practical Anthropology*, 7, 177-182.

岡本祐子（1994）．成人期における自我同一性の発達過程とその要因に関する研究　風間書房

岡本祐子（編著）（2002）．アイデンティティ生涯発達の射程　ミネルヴァ書房

鈴木一代（2003）．国際結婚者の国籍変更と文化的アイデンティティ　埼玉学園大学紀要（人間学部篇），3，1-12.

鈴木一代（2006）．文化移動と文化的アイデンティティ　－異文化間結婚の場合　埼玉学園大学紀要（人間学部篇），6，83-96.

Suzuki, K. (2008). Transferring to a new culture and cultural identity. Presented in the XXIX International Congress of Psychology (ICC Berlin, Germany) 24 July.

第4章

成人期の文化間移動と生涯発達への影響

1．はじめに

　文化間移動を経験したことのある成人にはさまざまな人がいる。それ以前の時期（乳幼児期，児童期，青年期）に文化間移動をした人もいれば，成人になってから，文化間移動を経験した人もいる（図3）。また，日本で生まれた日本人だが，成長あるいは人生の途中で，他の文化圏に移動し，そのままそこに永住する人（例：さまざまな理由による移民）もいれば，他の文化圏に移動しても，一定期間滞在した後，再び日本に帰国する人（例：海外勤務者とその家族）もいる。また，近年，生涯にわたって，長期・短期の文化間移動を繰り返す人も増えてきている[1]。したがって，文化間移動が成人期の発達にどのような影響を及ぼすかを問題にする場合には，文化間移動を経験した時期，回数，期間，目的などを考慮する必要がある（Furnham & Bochner, 1986など）。本章では，成人期になってから文化間移動を経験した人に焦点を合わせる（図3の最下段の→）。

図3　文化間移動[2]を経験した時期　ー成人の場合

従来，成人期の文化間移動によって生じる心理的な変化（発達・変容）は，一時滞在者（例：海外勤務者）や移住者（例：移民）を中心に，異文化適応，カルチュア・ショック（Oberg, 1960）のプロセス（Adler, 1975；稲村，1980など），文化変容（Berry, et al., 1992など），文化変容ストレス（Berry, et al., 1992），再社会化（菊池，1990；鈴木，2000など）というような視点からとらえられてきた。しかしながら，近年，国内外で著しく増加している異文化間結婚（国際結婚）者の文化間移動に焦点をあて，成人期の文化間移動の影響を生涯発達的な立場からとらえようとした研究はごくわずかしか存在しない（例：鈴木，2006b；Suzuki, 2008）。

　鈴木（2006b）は，縦断的なフィールドワークによって，日本からインドネシアに文化間移動した，インドネシア人を夫にもつ異文化間結婚の日本人女性が，時間の経過とともに，出身文化（日本文化）と居住国文化（インドネシア）との間で，アイデンティティを形成していくプロセスについてのモデルを提示している。二文化接触は，アイデンティティの危機的状況を生み出すが，モラトリアムを経て，アイデンティティは再統合（一時的な再統合／仮の再統合）されていく。二文化が接触するたびに，それが繰り返され，日本で形成されたアイデンティティがラセン的に再構築されていく（第3章参照）。その際に，国籍変更（「永住の決意」）が重要な課題であること，成人期の進行にともない，永眠地を含む老後の居場所が再吟味されることも明らかにしている。また，単一文化のなかでのアイデンティティの発達モデルに，二文化の接触によって生じる重要な事柄（心理・社会的課題）が加わることにより，アイデンティティの発達過程がより複雑になることを指摘している。Suzuki（2008）は，異文化間結婚者の国籍変更と「居場所」[3]を中心に，文化間移動とアイデンティティ形成のプロセスについて，3つのタイプを提示している。すなわち，結婚時かその直後に国籍を変更し，新文化に「居場所」があり，アイデンティティの危機は少なく安定しているタイプ，新文化に「居場所」を見つけた後，国籍を変更しているが，二文化が接触するたびに，アイデンティティは危機に陥り，モラトリアムを経て再統合に達するタイプ，国籍を保持したまま，二文化（国）間の移動を繰り返し，新文化に「居場所」はないが，日本が文化的準拠枠（北山，2003）なので，アイデンティティはむしろ安定しているタイプである。

重要な他者との関係性（母国あるいは居住地との関係性も含む）に着目し，文化間移動とアイデンティティ発達について，異文化間結婚者の事例研究によって，生涯発達的視点から把握しようとした研究としては，鈴木（2009）がある。成人前期では，異文化出身の配偶者との出会いや文化間移動，日本にいる親・きょうだいとの関係性，成人中期では，自分自身と現在の居住国（地）との関係性および自分自身と母国との関係性，成人後期では，現実の「居場所」だけではなく，死後の「居場所」が問題となり，アイデンティティ発達に重要な影響を及ぼすことが言及されている。また，単一文化のなかでのアイデンティティの発達の際に重要とされる関係性だけはなく，さらに，自己と二つの文化との関係性が常に意味をもつことによって，関係性はより包括的・複合的になることが指摘されている。それを図示すると図4のようになる。すなわち，「単一文化における重要な関係性」に「自己と出身国（文化）および居住国（文化）の関係性」が単に加算されるのではなく，両者が複雑にからみあい（X=乗法），文化間移動をした異文化間結婚者のアイデンティティは，より「包括的・複合的な関係性」のなかで発達していく。

ところで，前章（第3章）では，配偶者の国に移動した異文化間結婚者の時間の経過にともなう「ずれ」の感覚についてとりあげ，文化的アイデンティティの"ゆらぎ"のメカニズムを明らかにした。文化的「ずれ」の感覚が生じる状況（二文化接触の状況）には2種類ある。ひとつは，現地文化化した異文化間

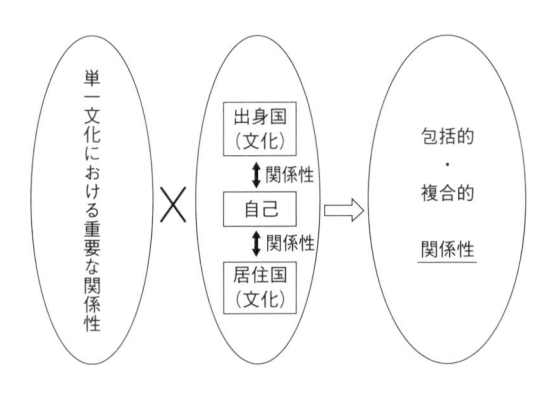

図4　文化間移動と関係性

結婚者が日本からの訪問者と再会した時や日本に一時帰国をした時に感じる日本文化との間の「ずれ」であり，もうひとつは，異文化間結婚者と現地文化との間の「ずれ」である。前者は，時間が経過するほど大きくなり，後者は，現地滞在が長くなるにつれ，だんだんと減少していくことが予想される。なお，異文化間結婚者同士の場合には，移動年齢や滞在期間等によっても異なるが，共通した「ずれ」の感覚をもつことが指摘されている。結局，文化間移動をした異文化間結婚者は，二文化の接触によって生じる「ずれ」の感覚を頻繁に体験し，そのたびごとに，文化的アイデンティティの"ゆらぎ"を感じることになる。それでは，恒常的な二文化接触によって生じる文化的アイデンティティの"ゆらぎ"は，その後の発達（生涯発達）にどのような影響を及ぼすのだろうか。

　本章では，成人前期に，配偶者の出身国（文化）に文化間移動した異文化間結婚（国際結婚）の日本人女性（成人中期）を事例としてとりあげ，二文化接触によって生じる「ずれ」，特に現地文化との「ずれ」の感覚・意識がその後の発達にどのような影響を及ぼすかについて考察する。さらに，成人中期を迎えた異文化間結婚女性が，文化間移動をしたことをどのように評価しているかについて検討する。なお，本章における文化は，特に断りのない限り，「発達過程のなかで，環境との相互作用によって形成されていく，ある特定集団のメンバーに共有される反応の型」（鈴木，2006a, p. 41）とする。

2．調査の概要

　調査参加者は，インドネシア人との結婚により，1990年代初頭ごろまでに，居住地をインドネシア・バリ州に移した日本人女性16人（調査時：40代から60代）である。全員，インドネシア語の日常会話には支障がない。調査期間は，1991年から2009年（年2〜3回，各約2週間〜6週間）。本研究では，その一部を使用している。調査方法は，「文化人類学的−臨床心理学的アプローチ（CACPA）」（Suzuki, 2002；鈴木，2008；鈴木・藤原，1992）である（p. 17参照）。本研究における面接（半構造化・非構造化面接）のポイントは，1）日本文化と現地文化が接触したときの「ずれ」の感覚・意識とその後の発達への影響，2）

文化間移動をしたことへの評価である。面接データおよびフィールドノーツに基づき，個々の事例について，重要な出来事や気持ちの変化を時系列にしたがって整理し，質的な分析をおこなった。

3．文化間移動における「ずれ」と「折り合い」の様相

　インドネシア人と結婚し，日本からインドネシアに文化間移動をした日本人女性W（50代，インドネシア語は流暢）の語りを例に，現地文化との「ずれ」と「折り合い」の様相について考察する。（例は2000年代後半のフィールドノーツよりの抜粋，下線および括弧内は筆者による加筆である。）

　例1：「日本（文化）のなかで成長してきているので，そこで培ってきたものがあるので，どうしても譲れない部分がある。それが，葛藤や悩みになる。（中略）日本で身につけたことが通用しないことがわかる。もしそれを感じることがないとしたら，つらい。そのまま（日本の常識や価値観）を表現しようとしたら，浮くし。」

　日本で生まれ育ち成人した日本人女性はインドネシアに文化間移動をした時点で，すでに日本人として社会化している。したがって，新しい文化のなかで，時間の流れとともに，自然環境や社会環境[4]について「ずれ」を感じることになり，それは葛藤や悩みにつながっていく。また，その「ずれ」を感じないままでいると，新しい環境とうまく適合していかないことが言及されている。

　例2：「場面場面で，二つ（日本とインドネシア）を比較する。ほんのさいなことでも，日本でしみついていることと，ここでのことが，摩擦をする。だから，つらい。でも対応していくようになっていく。ここで，不自然に感じたことが，自然になっていく。そうでないと苦しい。（中略）そして，折り合いをつけている。無意識のなかで。好きになれるように。」

　頻繁に生じる「ずれ」になんとか「折り合い」をつけ，摩擦・葛藤を回避し，

新しい文化のなかで生活できるようになっていく。その際,「折り合い」は,意識的にだけではなく,無意識的にもつけられることが推察される。

例3:「日本で住むのとここで住むのは違うにきまっている。言葉はもちろん違うが,しきたりややり方が違うから,いろいろなことに折り合いをつけていかないといけない。バランスの問題。いろいろな場面で,宗教,大家族,バンジャール[5],折り合いのつけ方は異なる。(中略) 異国にいて,日本人の習性,価値観を何%もてるかということ。80%だときびしい。でも0%ということはない。」

二つの文化の視点をもつようになる。そして,"ずれ"を経験するたびに「折り合い」をつけ,その時々の場面によって,どちらかを選択し,自分のなかの二つの文化のバランスを維持している。

以上のことから,成人期に文化間移動をした異文化間結婚者の「ずれ」と「折り合い」(調整) の様相は図5のように示すことができる。すなわち,「日本人

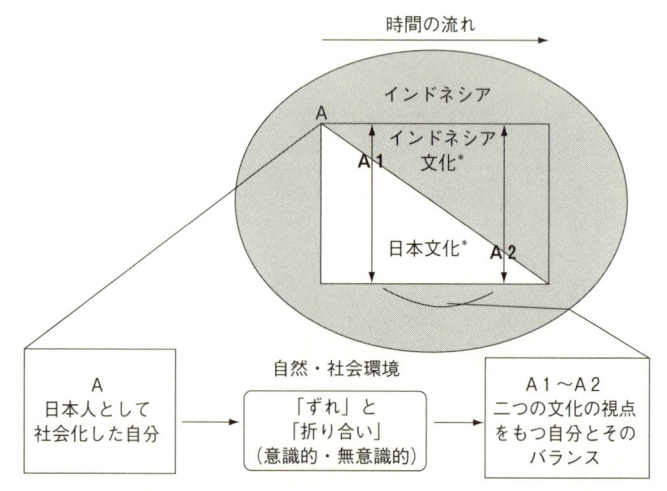

図5 成人期の文化間移動と「ずれ」と「折り合い」の様相
*文化=言語と文化実践を媒介として習得されたものの総体

として社会化した自分」(A) は，文化間移動をすることによって，新しい文化のなかで，自然・社会環境におけるさまざまな「ずれ」を体験するが，その「ずれ」に「折り合い」をつける作業を意識的・無意識的におこない，二つの文化の視点を保ちながら，両文化のバランスを取っていく。その過程は生涯続き，時間の経過とともに，日本文化が減少（風化）し，インドネシア文化が増加するなかで，そのバランスが，維持されていくことが予想される（A1，A2）。

4．「ずれと折り合い」体験の生涯発達への影響

新しい文化に移動をしたことによって，日常的に「ずれと折り合い」体験をすることになるが，そのような体験がその後の発達に及ぼす影響について考察する。（事例は，2000年代のフィールドノーツよりの抜粋，下線および括弧内は筆者による加筆。）

4.1 ものの見方の変化と視野の広がり －多様な考え方や価値観についての認識

事例1
「（異文化との出会いによって）見方がかわる。それは，日本にずっといたらわからない。その文化（移動先の文化）を知ることで，（見方が）かわる。日本の外から日本を見て，それは違うんじゃないとか（と思う）。他の考え方を知っているので。」(50代)

事例2
「親やきょうだいの死についても，ここにいるので消化の仕方が違う。日本にいるよりも楽に消化できる。それは，ここの宗教哲学を知っているから。死はここでは当たり前のこと。日本では，死は受け入れがたい大事件。でもここでは当たり前のこととして受けとめられている。それを知っているか知っていないかで違っている。知識として知っているだけでも違う。（中略）悲愴感があるというより，からっとしている。生きること，死ぬことについての考え方・価値観が違う。」(50代)

事例1では，二つの文化の接触によって，多様な考え方や価値観があることを認識し，それによって視野が広がっている。事例2は，死生観の違いについてである。日本とは異なる死生観があることを認識することによって，死に対する見方が変化し，身内の死に対する悲しみが軽減されている。輪廻・転生を信じるヒンドゥ教では，人は生かされており，死は運命なので仕方がない，当たり前なことなので，人の死についての悲愴感はない。

4.2 「ずれ」の受け取り方の個人差 ―肯定的な場合と否定的な場合

事例3

日本では，毎年，春夏秋冬がめぐってくるが，インドネシアは，四季がなく，常夏である。すなわち，季節の節目がなく，大きな変化がないまま緩やかに時間が流れていく。したがって，時間の感覚が希薄であり，計画性もあまり必要でない。たとえば，日本にいれば，季節の変化に応じた洋服を着なければ生きていけないので，季節ごとに洋服の入れ替えをする必要があるし，計画的に新しい洋服を購入したり，そのための貯蓄をしなければならない。したがって，時間を厳守し，計画を立てることが重要になってくる。それに対して，インドネシアでは，1年中夏の服装でいられるので，洋服の入れ替えや購入のための将来的な計画は不要であるし，そのため時間的な余裕もでてくる。

「なんと言っても楽。ここではいい加減にしていられる。たとえば，約束をしても，それに遅れたり，ドタキャンをすること，されることは頻繁におこる。でもそれは仕方がないという環境なので，それに対してどうこういう人はいない。もしそういうことを言っていたら，ここではストレスがたまる。」(50代)

自然環境の違いから生じる時間のルーズさや計画性のなさをどのように受け取るかについては，個人によって大きな違いがある。事例3のように，のんびりとした気楽な生活と感じることができれば問題はないが（受容的な場合），物事が計画的に進まないためにストレスがたまるようならば，精神的に困難な状態に追い込まれてしまう（受容不可能な場合）。

4.3 大き過ぎる「ずれ」による危機

事例4

「両文化の接点はわかる。ものの見方はいろいろあり，一つではない。ポジティブなのは，見えないこと（見えなかったこと）が見える（ようになった）こと，ネガティブなことは，日常生活していくなかでいやなことにぶつかり葛藤があること。それは日本にいたらしなくてもよい葛藤。だから，おかしくなる人もいる。摩擦に耐えられない人もいる。」（50代）

事例5

「生活するにあたって，必要なことはおれる。子ども，家族が安全に過ごせるように，変であってもおかしくても折り合いをつける。つまらないことやくだらないことでも。（中略）それが，できないで，日本に帰る人もたくさんいる。」（50代）

　事例4や事例5で言及されているように，個人にとって，「ずれ」があまりに大きすぎて，折り合いがつかない場合には，バランスが崩れ，危機に陥り，最終的には帰国することにもなる。

　文化間移動による，移動先の文化のなかでの「ずれと折り合い」体験の生涯発達への影響については，(1) ものの見方の変化と視野の広がり，(2)「ずれ」の受け取り方の個人差，(3) 大き過ぎる「ずれ」による危機という3つの側面があげられる。移動先の文化との「ずれ」の感覚・意識をもつことは，日本の常識や価値観とは異なる見方，すなわち，多様な考え方や価値観が存在するという認識を通じて，個人のものの見方の変化や視野の広がりをもたらすが，「ずれ」をどのように受け取り，「折り合い」をつけていくかには大きな個人差があり，それが個人の発達に異なる影響を及ぼす。また，その「ずれ」が非常に大きく，個人のなかでどうしても「折り合い」をつけることが困難な場合には，自分自身のなかで二文化のバランスを維持できなくなり，危機に陥る。

5. 文化間移動をしたことへの評価

文化間移動をした場合には，二つの文化のバランスをとりながら新しい文化のなかで生活することになるが，成人初期に文化間移動をし，「ずれ」に「折り合い」をつけ続けながら，長期にわたり，移動先（新文化）に居住し，成人中期を迎えた異文化間結婚者の事例をとりあげ，文化間移動をしたことへの評価について検討する。その際，「居場所」があるという感覚・意識との関係について着目する[6]。「居場所」はその人が自分らしく生き生きとしていられる場所だが，「実際的な居場所」および「精神的な居場所」から成るものとし，両者の存在について考察する。（事例は，2000年代のフィールドノーツよりの抜粋，下線および括弧内は筆者による。匿名性を保持するために，本質的な内容に影響を及ぼさない範囲で多少の変更を加えている。）

5.1 移動先に生活の基盤ができあがっている例

事例1

「インドネシアに来たことはよかった。このままここで死んでいっていいと思う。お金があれば，日本に住んでもいいけれど……ここでは，お金があれば生活していける，でも日本ではそういうわけにはいかない。」（50代，滞在30年以上）

事例2

「仕事で来たのが始まりだったので，特に，ここが好きだったわけではない。（中略）理想は，仕事がうまくいって，ここが根拠地で，時々観光で日本にいけること。（中略）ここに土地を買ってしまったし，日本では住むのは大変。ここだから，独立して仕事ができるが，日本ではそういうわけにはいかない。ここにもう長くいるので，ここの方がいい。」（40代，滞在20年以上）

事例3

「もう若くないので，20代，30代ならばどこかほかの国に行ってもいいけれど，これから，生活基盤をどこかの外国に作ることは無理だと思う。経済的基盤が必要。むしろ，ここに生活基盤をつくり，日本に行ったり，ほかの国に行っ

たりすることはしたいと思う。(中略) 日本とここを比較して，どちらかというと，プラスの点が多いのでここに生活している。」(50代，20年以上)

3事例とも，現在の居住地に生活の基盤（経済・生活の安定）をつくりあげている。もし可能ならば，日本で生活したいと思わないわけではないが，現在の居住地に長く生活しており，これから日本に新たに生活の基盤をつくることは難しい。現在の居住地であるインドネシアを基盤とし，時々日本を訪問できればよいと考えている（事例2および3）。3事例とも，非常に満足しているわけではない（「精神的な居場所」については明確でない）が，生活基盤（「実際的な居場所」がある）がある程度できあがっていることによって，文化間移動をしたことを肯定的に評価していると推察される。

5.2 移動先の文化との相性の方がよい例

事例4

「日本では，変わっていた。家族・親戚はみんな固い職業でとても常識的な人たち。私はなんでも正直に言うタイプだったので，まわりから変わっていると思われていたのかもしれない。でもここに来たら，ありのままの自分でいても大丈夫だった。それに，日本に戻った時も，外国に住んでいるから変わっていても仕方がないということでまわりから許されるようになったので，それがよかった。」(40代，滞在20年以上)

日本では変わり者と見られていたが，移動先（新文化）では，そのようなことはなく，そのままの自分を受け入れてもらえ，また，海外在住を理由に，日本でも許容されるようになった。文化間移動をしたことによって，新文化のなかでも，日本でも，楽に過ごせるようになった事例である。日本文化とは相性がよくなかったために，日本では居心地の悪い思いをしていた（「精神的な居場所」がない）ことから，母文化である日本文化に対し，いわば「文化同一性障害[7]」を起こしていたが，より相性のよい文化（移動先の文化）と出会ったことによって，それが解消された（「精神的居場所」ができた）と考えられる。その人自身のもつ個性と移動先の文化との相性によっても文化間移動の評価は

異なり，母文化よりも移動先の文化との相性がよい場合には，文化間移動したことは肯定的に評価されることになる。

5.3　移動先で自己実現が可能になった例
> 事例 5

「ここに来て本当によかった。小さなことではいろいろあるが，特に何もない。最近の日本の話をきくと日本よりもここの方がいい。日本でできなかった仕事をすることができる。夢がかなった。（中略）日本に対する執着もない。あまり戻りたいとも思わない。（中略）ここで楽に生きている。（中略）日本で生活するよりずっといい。ここでのような生活は日本ではできない。」(50代,滞在20年以上)

日本では実現不可能で，夢にみていた仕事が移動先で可能になり，人生の方向性を見いだすことができた事例である。自己実現が可能になったため，満足しており（「実際的な居場所」と「精神的な居場所」の両方がある），文化間移動を肯定的に評価している。

5.4　移動先で外国人として気楽に生活している例
> 事例 6

「いろいろあったが，今は，とても気楽だし，合っている。自由に好きなことができる。（中略）もちろん，毎日のお供え，月3回のお祈りもやっている。（中略）結婚式やお葬式にもでる。そのほか，声をかけられればそうする。（中略）そういう気遣いはしている。もしそれをやらなかったら，ここで生活していくのは難しい。（中略）ここで，今，快適に生活できるのは，国籍を変えていないので，みんな（親戚や夫の友人・知人）が外国人という目でみてくれる。だから，少しぐらいできなくても，やらなくても期待されていない。だから楽なのかもしれない。国籍を変えた人のなかには，現地の人と同じようにするように言われて大変な人もいる。」(40代,滞在20年以上)

移動先の生活習慣や宗教行事等には必要に応じて参加しているが，国籍を変

更していないので，名実ともに日本人として生活している。周囲の人々からも，外国人として見られており，あまり大きな期待はされていないことをむしろ気楽に感じている。外国人（部外者）として気楽に生活できることから，文化間移動をしたことを肯定的に評価している。外国人という存在に気楽さを感じながらも，「実際的な居場所」も「精神的な居場所」も明確ではなく，途上にいる状態とも考えられる。

　成人初期に文化間移動をし，長期にわたり，移動先（新文化）に居住し，成人中期を迎えた異文化間結婚者は，個人差はあるが，文化間移動をしたことをある程度肯定的に評価している。これは，異文化間結婚者の場合には，文化間移動したことが否定的ならば，より初期の段階で，離婚し出身国（母国）に戻る，あるいは，一家で出身国に戻ることなどが可能なので，そのような人は，時間の経過とともに，淘汰されていくためと考えられる。文化間移動をしたことに肯定的な理由としては，ある程度生活基盤ができあがっていること（事例1～3：「実際的な居場所」がある），母文化よりも移動先の文化との方が相性がよいこと（事例4：「精神的な居場所」がある］），移動先の文化のなかで自己実現が可能になったこと（事例5：「実際的な居場所」と「精神的な居場所」の両方がある），そして，外国人として気楽に生活できること（事例6）があげられた。文化間移動に対する肯定的評価の理由を「居場所」に着目して整理すると，表5のようになる。

　事例6を除くと，文化間移動を肯定的に評価している場合には，「居場所」，すなわち，「実際的な居場所」と「精神的な居場所」の両方か，少なくともどちらか一方の存在が明らかだった。特に，移動先の文化のなかに，生活基盤が

表5　文化間移動をしたことについての肯定的評価の理由と「居場所」

事例	肯定的評価の理由	「居場所」	
		「実際的な居場所」	「精神的な居場所」
1～3	生活基盤がある	○	△
4	文化の相性がよい	△	○
5	自己実現が可能	○	○
6	外国人の気楽さ	△	△

注）○＝あり　△＝不明確

あること，すなわち，「実際的な居場所」があることは重要なこととして推察された。しかし，事例4のように，「精神的な居場所」があることが大切な場合もあった。また，事例5のように，「実際的な居場所」と「精神的な居場所」の両方がある場合には，文化間移動をしたことへの満足度が高かった。なお，「居場所」があるという感覚・意識と文化的アイデンティティやアイデンティティとの関連については，今後さらに検討する必要性があるだろう。

6. まとめ

　本章では，成人前期に，配偶者の出身地（インドネシア）に文化間移動し，そこで，成人中期を迎えた異文化間結婚の日本人女性が，日本文化とインドネシア文化との「ずれ」にどのように対処していくか，また，それが，その後の発達にどのような影響を及ぼすかについて考察した。さらに，成人中期の異文化間結婚者が，文化間移動をどのように評価しているかについて検討した。まとめると次のようになる。

　1）成人期に文化間移動をした異文化間結婚者は，日本人として社会化しているために，新しい自然・社会環境に対する「ずれ」を感じ，それに，意識的・無意識的に「折り合い」（調整）をつけることによって，両文化のバランスを維持していく。
　2）「ずれと折り合い」の過程（体験）は，生涯続き，個人のものの見方の変化や視野の広がりをもたらすが，「ずれ」をどのように受け取り，「折り合い」をつけていくかには大きな個人差があり，個人の発達に異なる（肯定的，あるいは，否定的）影響を及ぼす。また，その「ずれ」が非常に大きく，「折り合い」をつけることが困難な場合には，自分自身のなかで二文化のバランスを維持できなくなり，危機に陥る。
　3）成人初期に文化間移動をし，長期にわたり，移動先（新文化）に居住し，成人中期を迎えた異文化間結婚者は，文化間移動をしたことを肯定的に評価している。その理由は，ある程度生活基盤ができあがっていること，母文化よりも移動先の文化との相性がよいこと，移動先の文化のなかで自己実現が可能に

6. まとめ

なったことなどである。また、文化間移動の肯定的な評価には、「居場所」があるという感覚・意識がかかわっており、「実際的な居場所」と「精神的な居場所」の両方か、少なくてもどちらか一方が存在することが示唆された。

すでに言及した以外の今後の課題としては、本章では、文化的「ずれ」の感覚が生じる二種類の状況（鈴木、2006b）のうち、日本文化と移動先の文化との「ずれ」に焦点をあて、「ずれと折り合い」の体験が、発達に及ぼす影響を考察したが、もう一方の状況である、日本からの訪問者との再会や一時帰国の際の日本文化（日本人）との「ずれ」も考慮し、生涯続くであろう恒常的な二文化接触によって生じる文化的アイデンティティの"ゆらぎ"が、生涯発達に及ぼす影響を包括的に検討する必要性があげられるだろう。また、「ずれ」をどのように受け取り、「折り合い」をつけていくかには大きな個人差があることが指摘されたが、生涯発達を視野にいれた、縦断的な事例研究によって、その詳細を明らかにすることが望まれる。

〈注〉

1）たとえば、異文化間結婚（国際結婚）者のなかには、一方の配偶者の出身国を居住地としながらも、他方の配偶者の出身国にも定期的に一定期間滞在する人もいる。また、定年退職者のなかには、日本を居住地としながらも、季節ごとに、海外に長期滞在する人もいる。

2）1回だけの文化間移動の場合。短期の一時的滞在をともなう移動（例：観光旅行）は含めない。

3）「居場所」は、自分らしく生き生きとしていられる場所である。

4）「社会環境」には、人間環境（現地の人）、精神的・文化的環境（例：価値観、宗教、習慣）、物質的環境（衣食住）が含まれる（近藤、1981）。

5）バンジャール（banjar）は、バリの社会的な最小単位であり、バンジャールがいくつか集まり村を形成している。

6）異文化間結婚者の場合、文化間移動と異文化間結婚は切り離せない関係にある。したがって、文化間移動への評価には、必然的に異文化間結婚への評価（夫婦関係への満足度）も含まれることになる。なお、鈴木（2008）は、文化的アイデンティティを「ある文化・社会ののなかに自分の居場所があるという感覚・意識」としている。

7）ここでの「文化同一性障害」は、自身の出身文化（母文化）に違和感があり、常に不一致な感覚しかもてない状態を指している。

〈引用文献〉

Adler, P. S. (1975). The transitional experience: An alternative view of culture shock. *Journal of Humanistic Psychology*, **4**, 13-23.

Berry, J. W., Poortinga, Y. H., Segall, M. H. & Dasen, P. R. (1992). *Cross-cultural psychology: Research and applications*. Cambridge: Cambridge University Press.

Furnham, A. & Bochner, S. (1986). *Culture shock: Psychological reaction to unfamiliar environment*. London, New York: Methuen.

稲村　博 (1980). 日本人の海外不適応　日本放送協会

菊池章夫 (1990). 社会化の問題　斎藤耕二・菊池章夫（編著）社会化の心理学ハンドブック　－人間形成と社会と文化　川島書店　pp.1-13.

北山　忍 (2003).「自己」への文化心理学的アプローチ　山口勧（編）社会心理学　－アジアからのアプローチ　東京大学出版会　pp.41-50.

近藤　裕 (1981). カルチュア・ショックの心理　創元社

Oberg, K. (1990). Culture shock: Adjustment to new cultural environment. *Practical Anthropology*, **7**, 177-182.

鈴木一代 (2000). 国際結婚女性の再社会化についての研究　－バリ島の日本人，ドイツ語圏出身者，英語圏出身者　東和大学紀要, **26**, 189-198.

Suzuki (2002). A study using "Cultural Anthropological-Clinical Psychological approach": Cultural identity formation in Japanese-Indonesian children. *Bulletin of Saitama Gakuen University (Faculty of Humanities)*, **2**, 1-9.

鈴木一代 (2006a). 異文化間心理学へのアプローチ　－文化・社会のなかの人間と心理学　ブレーン出版

鈴木一代 (2006b). 文化移動と文化的アイデンティティ　－異文化間結婚の場合　埼玉学園大学紀要（人間学部篇）, **6**, 83-96.

鈴木一代 (2008). 海外フィールドワークによる日系国際児の文化的アイデンティティ形成　ブレーン出版

Suzuki, K. (2008). Transferring to a new culture and cultural identity. Presented as a poster in the XXIX International Congress of Psychology (ICC Berlin, Germany), 24 July.

鈴木一代 (2009). 生涯発達におけるアイデンティティ　－関係性の視点から「成人期以降のアイデンティティの発達」および「成人期以降」　小島　勝（編著）異文化間教育の研究　ナカニシヤ出版　pp.207-213, 136-242.

鈴木一代・藤原喜悦 (1992). 国際家族の異文化適応・文化的アイデンティティに関する研究方法についての一考察　東和大学紀要, **18**, 99-111.

第Ⅱ部

米国・豪州在住の異文化間結婚女性と文化的アイデンティティ

第5章

"戦争花嫁"の文化的アイデンティティ

　日本における国際結婚の一般化の先駆けとなったのが,いわゆる"戦争花嫁"である。"戦争花嫁"とは,第二次世界大戦後の1940年代後半から1960年までの間に,進駐軍の軍人や軍属(軍人ではないが軍に所属する者)と結婚し,夫の国に渡った日本人女性である(植木,2000)。その数は,5万人とも10万人とも言われている。

　"戦争花嫁"が研究対象としてとりあげられるようになったのは,比較的最近のことであり,主に,歴史学,社会学,文化人類学の視点から研究されている(例:新田,1997;Tamura, 2001;安富・スタウト,2005など)。他方,1980年代末ごろからは,中高年にさしかかった戦争花嫁たち自身の動きも目立ってきた(日系国際結婚親睦会の結成など)。そこには,終戦当時,ネガティブなイメージ(例:売春婦)で見られていた自分たちの真実の姿を語り,記録に残しておきたいという当事者たちの思いがあった。

　本章では,成人前期に米国やオーストラリアに文化間移動をし,成人後期に達しているか,成人後期間近の"戦争花嫁"のアイデンティティや文化的アイデンティティについて考察する[1]。まず,第1節では,調査の概要について言及し,第2節では,米国カリフォルニア州在住の"戦争花嫁"の事例のなかから,事例Tをとりあげて,当時の社会的状況を背景として視野に入れながら"戦争花嫁"のライフヒストリーを提示する。第3節では,面接調査(事例研究)および質問紙調査の結果に基づき,"戦争花嫁"の意識について明らかにする。そして,第4節では,前節を踏まえながら,特に,日本(文化)と現在の居住国(文化)である米国(文化)あるいはオーストラリア(文化)という2つの

国（文化）に対する"戦争花嫁"の態度や文化的アイデンティティ・アイデンティティに焦点をあてる。

1．調査の概要

　本調査は，主に面接調査および質問紙調査からなる[2]。
　1）面接調査：調査参加者は，米国カリフォルニア州在住の日本人"戦争花嫁"で，ヨーロッパ系米国人と結婚した4人（60代）をとりあげる[3]。面接調査（半構造化面接）は1997年に米国の調査参加者の自宅等で実施された。面接内容には，生育史，結婚生活とその評価，2つの文化への意識・態度，などが含まれる。面接時間は各自約3時間である。面接の際には，許可を得たうえで，録音機を使用した。録音内容は逐語的に文字に起こしたうえで，質的な分析をおこなった。なお，面接者（著者）の立場は，佐藤（1984）の言う"翻訳者"に近い。すなわち，戦争花嫁と局外者をつなぐ存在である。
　2）質問紙調査[4]：調査参加者は，59歳から76歳まで（平均年齢は67.2歳）のアメリカ人やオーストラリア人と結婚した153人の日本人"戦争花嫁"である。調査は，1996年から1997年にかけて，米国および日本（「国際結婚交流会」）で実施された。質問内容は，デモグラフィックデータ，言語に関する項目，2つの文化への意識・態度，結婚や結婚生活に関する項目などを含む。データは統計的（記述統計）に処理された。なお，この種の調査においては，調査対象者を獲得すること自体が非常に困難なため，ランダムサンプリングではない。したがって，多くの"戦争花嫁"のなかでも，現在，比較的安定した生活を送っている人が，回答者である可能性は否めない。

　調査の実施から，年月がたち，社会・文化環境も変化しているが，成人後期の異文化間結婚者の研究はほとんど存在しないため，文化間移行をした成人後期の異文化間結婚の日本人女性の文化的アイデンティティを把握するという目的のためには，調査データを，現在の視点から再分析することは有用と考えられる[5]。

2. "戦争花嫁"の事例とライフヒストリー

　まず，"戦争花嫁" 4人の事例の概略，その後，そのなかの一人である事例Tのライフヒストリーを提示することによって，時間の流れや社会環境の変遷にともなう，"戦争花嫁"の生活世界を明らかにする。

2.1　事例とライフヒストリー
(1) "戦争花嫁"の事例
　ヨーロッパ系アメリカ人と異文化間結婚をし，米国に文化間移動をした，"戦争花嫁" 4人の事例の概略は次のようになる（個人が特定されないように，本質に影響を及ぼさない範囲で修正を加えている）。

1）事例M
　1920年代後半に4人きょうだいの第2子として東北の裕福な商家に生まれる。短大卒。当時，結婚相手になるような日本人男性は戦争のためにいなかった。知人の紹介でアメリカ人（年下）と知り合い，195X年に結婚，翌年，渡米する。軍勤務の夫に同伴し，米国各地および日本を含む海外に滞在する。「日本人としてのプライドを失わないで，子どもたちを立派に育てようと決心した」と語る。アメリカの生活習慣になじもうとしたが，食べ物が一番大変だった。198X年に夫が他界し，カリフォルニアで一人暮らしをしている。教会が生活の中心である。子どもは3人いるが，英語を話し，アメリカ人である。

2）事例A
　1930年代中ごろ，職人の娘（5人きょうだいの長女）として関西に生まれる。中卒。基地のビアホールで働くうちに，10歳以上年上の夫と出会い，195X年に結婚，翌年，渡米。米国内外を転勤する。日本にも滞在。退職後，日本食が手に入りやすいことや，日本に近いことからカリフォルニアに住む。夫婦と日本から呼び寄せた母親で暮らしている。食べ物や習慣には慣れたが，英語には苦労した。今でも100％の意思疎通ができているかどうかわからないと言う。子どもは3人いるが，日本語を教えてこなかったことを後悔している。

3）事例S

1920年代後半，関東の商家に生まれる。女学校卒。進駐軍将校の家で働く。そこで，年下のアメリカ人の夫と知り合い，夫の押しの一手によって，195X年に結婚，渡米。結婚したのでアメリカに行くのが当たり前と思っていた。その後，米国内外の転勤を経て，夫が退職後，カリフォルニアに落ち着く。現在，夫と2人暮らしである。夫はとてもいい人と評価する。子どもは3人だが，英語しかできないことを残念に思う。

4）事例T

1930年代前半，5人きょうだいの第3子として，九州の商家に生まれる。女学校卒。PX（米軍施設の売店）で働くうちに，10歳以上年上のアメリカ人の夫と出会い，その熱意に負けたのと，若かったので，195X年に結婚，同時にアメリカ国籍を取得し，195X+3年に渡米。米国各地や海外（日本を含む）の軍勤務を経て，夫が退職後，カリフォルニアに定住。199X年に夫が他界し，一人暮らしである。子どもは3人，孫が1人いるが，英語を話すアメリカ人である。長年にわたりさまざまなボランティア活動を続けている。

（2） 事例Tのライフヒストリー

ヨーロッパ系アメリカ人と結婚した4人の"戦争花嫁"のうち，3事例（M，S，T）はほぼ同世代で商家の生まれである。そのなかから，戦争花嫁T（事例T：60代後半）をとりあげ[6]，その「語り」から，事例Tのライフヒストリー[7]を再構築することによって，当時の日米の社会的状況を考慮しながら，戦争花嫁の生活世界を浮き彫りにする。なお，個人が特定されないように，本質的な事実内容に影響を及ぼさない範囲で修正を加えている。「　　」箇所の括弧（　　）内は面接者（著者）による加筆である。

1）生家 －子ども時代

Tの父親は九州に位置するA市の下町で自転車販売・修理店を営み，母親は家事や育児に追われる生活をしていた。母親は農家の生まれだが，小町と言われるほど美しい人だった。小学校を卒業後，Tの父親の生家で，行儀見習をしていたが，次男であるTの父親と恋に落ち，ふたりは結婚した。しかし，父親の生家からは勘当同然でなかなか結婚を認めてもらえず苦労した。長男（Tの

弟)が生まれてから、やっと親戚づきあいが始まった。父親は、きびしい人で、特に料理や食事の仕方、礼儀作法にはうるさかった。箸の持ち方が悪いと怒られたが、そのたびに、母親がかばってくれ、わかりやすく教えてくれた。居間には、ラジオ、蓄音機、それに、骨董品好きの父親が買ってきたアコーディオンなどがあった。食事時には、両親と子ども5人が大きなテーブルを囲んだ。一つのものをみんなで分け合うような貧しくても和気藹々とした家庭だった。

母親の影響について、Tは次のように語っている。

「戦時中や戦後のものが何もないときに、母親は、親戚に食べ物を分けてあげていました。台湾から引き揚げてきた父方の親戚に離れ(Tたちの部屋だった)を提供して、食事の面倒もみてあげました。戦争があったから、大変でしたけど、それ以降、うちの母たちの親戚関係というのはすごくスムーズになったことを覚えています。そういう精神的なこと、子どもっていうのは親をどこかで見ているんですね。今、私はいろいろなこと(ボランティア活動等のこと)をしていますけれど、苦にならないのは、そういう母のいいところを引き継いでいるのではないかと思います。」

2) 終戦とその後の生活 —子どもから青年へ

終戦の時、Tはちょうど思春期にさしかかっていた。そのころ、TはA市郊外の親戚の家に疎開していた。食べ物が少なくて大変だったが、田舎の生活は楽しかったと語っている。裸足で畑の中を走りまわったり、いとこと遊んだ思い出がある。

1945年8月15日、大切な放送があるというので、親戚の家のラジオの前に集まった。近所の人もいた。それが天皇陛下のお言葉だった。

「私たち、ああよかった、終ったと思った。でも、難しい日本語でしょ。子どもだったので、あまり覚えていないですけど。うちの父とか、おじとか、母が、みんな泣いて、もったいないって言うの。天皇陛下の御声を聞いたの初めてで、そのことがもったいないって(戦争が終ったとか、負けたとかではなくて)。終戦になったというのは、放送が終ってからわかったみたいです。そして、みんなで泣いたことを覚えています。私たちもわあわあ泣きました。結局、大人につられて、『負けた』という気持だったんでしょうね。」とTはそのときの様子を語っている。

終戦後，一家はまたA市に戻った。A市に占領軍が来ることになったとき，アメリカ人兵士の乱暴な行為を恐れた父親によって，Tは姉たちとともに納屋に鍵をかけられて何日か過ごした。そのように大切に育てた娘が，後にアメリカ人と結婚することになろうとは両親はまったく予想していなかった。

当時，Tは，アメリカ人についてどう思っていたのだろうか。

「あの時は，サルみたいだと思っていましたね。私たちは，小さい頃から，（欧米人を）鬼畜とか言っていましたからね。"米英鬼畜"って言ってたんだから，そう思ってたんでしょうね。（中略）でも見たときに，白人って言うけど，白くないし焼けていることが不思議でしたよね。みんな同じみたいで汚い軍服を着ていたのよね。」と語っている。

欧米に関する情報もたくさんあり，欧米人の姿を"かっこいい"と思い，国際結婚にあこがれる現代の日本の若い女性たちとはまったく異なった状況にいたことがわかる。

やがて，Tは親戚の住むB市に行き，市役所で働いた。その後，PXの募集広告をみて，高給支給にひかれ，応募したところ採用された。約10倍の倍率だった。後に，Tは，PXのスーパーバイザーまでになる。丘の上にあった親戚の家からPXに通勤した。そのころのTはダンスがとても好きだった。

「仕事をいっぱいやって，ダンスして，夜遅く12時ごろ，走って帰って来て，お風呂屋さんに行って，また走って帰って来て，あのとき長い髪だったから，頭をセットして，ピンカールして，そして，翌朝6時に起きて，ご飯炊いて，お弁当作ってという生活をしていました。（中略）よく身体が続いたというくらい，よく働いてよく遊びました。スクエアダンスを教える所に行ったりしてたんです。」

3）アメリカ人兵士との出会いから結婚まで

Tが働いていたPXに，1人のアメリカ人男性が友達をともない毎日来るようになった。その男性が後にTの夫となるHである。Hは，当時，中尉で独身の将校クラブに住んでいた。Tが20歳を過ぎたころのことだった。いつも昼食が終ったころ来て，店をぐるりと周り，挨拶だけをして，また仕事に戻っていった。それが4ヶ月ぐらい続いたころ，初めてデートをした。Tの友達もいっしょだった。やがて，日本滞在の期限が切れ，アメリカに戻ることになった時，再

び日本に戻ってきたら結婚して欲しいとHからプロポーズされる。しかし，Tは，アメリカ人と結婚するつもりはなかったので，断った。195X年のことだった。

そのとき，将来夫なる人物をどう思っていたかをTに尋ねると，「ああいう所で働くとデートしてくれっていう兵隊さんたちがいっぱいいる。だけど，デートするのはいや，働くのはいいけれどと思っていましたから。そのころ真面目だったのね。(中略) Hとのデートで，将校クラブで映画を見た後，クラブで，私はコーラ，Hはカクテルを飲みながら，親の話になったわけ。そうすると，『いいね。そんなやさしいお母さんがいて。』って言うので，『あなたのおかあさんはお元気ですか。』ってきくと，『ノー。大学の卒業のとっても大切な試験のきに亡くなりました。』と答えて，眼鏡のなかで涙がきらりと光ったのね。その涙にひかれちゃったのね。(中略) 大切な試験なのだから知らせないで欲しいって，彼の母親がHの父親に頼んで連絡をしなかったわけ。連絡がきたときには母親はもう亡くなっていたわけ。そんな話をしていて，この人はいい人だなって思った。だけど，結婚するとか，好きのどうのこうのっていうのじゃなかった。」

未来の夫はアメリカに帰国した。ある日，Tが仕事から戻ると，夫からの航空便の封筒が7枚，ゴムでいっしょに巻かれて届いていた。それは，郵便局で通訳を通さなくてもすむからと，帰国前にTがHから頼まれて日本語と英語の両方でアドレスを書いた見覚えのある封筒だった。日記みたいな内容に，「SEE YOU SOON！I LOVE YOU.」と書いてあるだけのものだったが，アメリカにいた10ヶ月の間，毎日手紙が届いた。T自身は1ヶ月に1回ぐらいしか手紙を出さなかったそうだが，夫からの手紙に惹かれてしまったのではないかという。さらに，Hは給料をもらうたびに，Tの仕事場に国際電話をかけてきた。PXの米国人マネージャーも，その電話に感心し，日本に戻ってきたら，結婚するように勧めた。しかし，Tには，確かな結婚の意思はまだなかった。

そんな2人の関係に結論を下さなければならない時期がまもなくやってくる。日本に戻って来た夫の勤務地が，TのいるB市ではなく，東北のC市だったのだ。B市への赴任が不可能であることを知った夫から，仕事をやめてC市にきて結婚して欲しいと迫られた。Tはそれでも決心がつかなくてぐずぐずし

ていたそうだ。毎日のように職場に電話がかかってきた。当時，電話代はとても高かったが，Hは給料のほとんどを電話代に使っていた。そのようなアメリカ人はとても珍しいので結婚した方がいいとPXのマネージャーからも再三勧められた。それでも，Tの気持ちはまだはっきりしなかった。結婚できる自信がなかったという。しかし，そんなTも，だんだんと，C市に行ってみて，ダメならまた仕事に戻ればいいと思うようになっていった。

　TはHとC市で195X年に日本式の結婚式をあげた（当時は，これだけではアメリカ人との国際結婚は正式に認められなかった）。Hは，10歳以上年上だったので，Tに対しては過保護だったが，Tは，この人とだったらいっしょに生活できるかもしれない，頼り甲斐のある人だと思うようになっていた。

　Tがアメリカ兵士Hと結婚することになったとき，Tの両親は，初めは，幸福になれないと大反対した。しかし，夫は，両親の前で絶対に幸福にすると啖呵をきった。夫が仲人をたてて，Tの両親に会いに行ったときには，両親は結婚に賛成した。両親も恋愛結婚で，しかも勘当同然で結婚したからだろうとTは回想している。

　「両親もそういうふうに結婚したから，私の気持ちがよくわかるの。それに，私の主人が，日本式に御仲人さんをたてて，うちの両親に結婚の申込みをしたんです。そういうことをちゃんと日本式にしたからでしょうか，私たちが結婚したかったら仕方がない，がんばりなさいって。そのかわり，母が主人に条件を出しました。どんなことがあっても３年に１回は，日本に帰国させるというものでした。」

　その条件を夫は承諾した。そして，その約束を一生守った誠実な夫だった。

　「もちろん，主人は私を日本に返してくれました。子どもがまだ小さいころは，３～４年に一度になりましたけれど。ある程度子どもが大きくなったら，自分が子どもたちをみてるから帰りなさい。お母さんと約束したのだから帰りなさいって。子どもたちが大学卒業してお金かからなくなると，私の親が生きている間，親孝行のために帰りなさいって，毎年，３～４週間，日本に帰してくれました。自分はどこにも行かないで。（中略）自分の分まで親孝行してこいって。」

　TとHは，195X＋1年に，横浜のアメリカ領事館で正式に結婚した。その後，

横浜に住むことになる。そこでの生活をTは次のように語っている。

「アメリカの領事館管轄の"花嫁学校"があったんですよ。よく考えてみると，私たち（"戦争花嫁"たち），アメリカの生活わからないでしょ。だから，料理や掃除の仕方とか，子どもの育て方とか，夫にはどんな風にしたらいいかとか，交際の仕方とかを習うわけ。将校の人たちの家族が教えていました。」

「そのころ幸せでしたか。」という問いに，Tは，「一生懸命だったのかなあ。一生懸命，いい奥さんになろうと思って。英語を習うのにも一生懸命だった。」

Tは，女学校（ミッション系），PXでの仕事，教会の英会話学校を通じて，英語はある程度可能だったが，すべてのことに一生懸命だった様子がうかがえる。

4）渡米 —揺れる気持ちと決意

195X＋3年に，夫の転勤でTはアメリカ（カリフォルニア）に渡ることになる。そのころには，第1子が生まれていた。

Tはもともと地理や歴史が好きだったこともあり，渡米前にアメリカという国について相当勉強していた。また，PXの仕事を通して，アメリカやアメリカ人に対してある程度イメージができあがっていた。

「アメリカって国はね，（PXでの）仕事中に，いろいろなアメリカ人に会ったでしょう，南部の人には南部の言葉があるし，東部の人には東部の言葉があるの。でも，カリフォルニアって日系人が多いところだから，住み易いって話しを聞いていたので，なんとかなるだろうって（思ってました）。うちの人も絶対にあなたを不幸にしないって，言っていましたから，この人についていけばどうにかなるだろうと。もう信頼するしかないと覚悟を決めていました。」と述べている。

しかし，そんなTも，渡米前の気持ちについて，「悲しかった。悲しいのとうれしいのとね。恐いのとね。将来に対してね。」と語っている。

Tはいよいよアメリカに入国する。

「ゴールデンブリッジの下を船が通ったとき，涙がでましたね。初めて（アメリカに）来たとき，日がさしていたんですよね。ゴールデンブリッジっていうのは，ゴールデンカラーをしているのかと思ったら，赤でしょう。びっくりしちゃって，これが本当にゴールデンブリッジって思いました。そうすると船

で軍楽隊が"ウエルカム　アメリカ"って，演奏して，私もとうとうアメリカまで来ちゃったんだって。これがアメリカなんだ。頑張らなくちゃ，しかりしなくちゃ，今までみたいにふにゃふにゃしていたら絶対だめだなって思いました。」

5）その後の生活　－アメリカ－日本－アメリカ

　夫は，Sホテルという有名なホテルの一番いい部屋を用意してくれた。お金はなかったが，初めてアメリカに来てちっぽけなモーテルに泊まるのはかわいそうだという夫の心遣いからだった。そこには4～5日滞在した。その後，M市にある日系人の友人の貸家に移った。電話もつけ，東部にいる夫の父親や姉に連絡をした。

　夫の父親は息子が東洋の女性と結婚することに対して相当心配していたそうだ。しかし，それは心配であって反対ではなかったという。息子（夫）がそれだけの責任と愛情を持てるなら何も言うことはないが，その女性を粗末にしないようにと，父親が息子に語ったということをTは後に夫の姉からきいている。

　その後，一家は小さな家を買い，引っ越した。近所には，夫が軍籍の人たちが住んでいた。そこで，Tは，だんだんとアメリカの生活に溶け込んでいく。

「隣近所，挨拶してまわって，そのとき，みんな友達になりました。日本人は，家のまわりをきれいにするんです。私も花を植えたり，毎朝，ドライブウエイを箒で掃いたりするでしょ。前庭にお花を植えたり，芝生に水をやったり，かったり，ペンキを塗ったり，草をむしったり，手入れをするから，今まで，汚かった家がきれいになるわけ。アメリカの人たちもそういうのを見るとやっぱり気持ちがいいのね。それで，わざわざ立ち止まって，『ハロー！』と声をかけてくれたり，遊びにいらっしゃいとか，言ってくれた近所の人たちが一杯いました。（中略）子どもを近所の家につれていって，そこで子どもがその家の子と遊んでいる間に，ビーフシチューの作り方を教えてもらったりしました。夕方の4時か5時ごろ，主人たちが帰ってくる前よね。私が朗らかでのん気な方だからかもしれないけど，仲良くしてもらいました。アメリカ人からの偏見って知らないんですよ。私みたいなの少ないんじゃないかと思うくらい。」

　Tは周囲のアメリカ人からは受け入れられ，日本人に対するアメリカ人の差別や偏見もあまり経験しなかったようだが，日系人の反応はやや違っていたよ

うだ。

「そのひとたち（日系人の夫の友人）自身はよかったと思うんですよね。日本式のお風呂に入りに来なさいとか，カードするから遊びに来なさいとか，なんやかんや呼んでくれました。私一人の時はそうでもないけど，子どもを連れて買い物に行くと，こうやって（じろじろと）見ていた人たち（日系人）もいましたよね。"戦争花嫁"と，さげすんで見ていた人たちもいました。でも，私，子育てや家事にいそがしくて余裕がなかったから（あまり気にしていなかった）。」

195X＋5年に，一家は再び日本にやって来る。関東のR市だった。当時，アメリカに1年いると，日本に戻り3年ぐらい滞在することができた。Tが日本に帰りたいだろうという，夫の配慮からだった。一家は，3年間の滞在を1年延長し，4年間，日本に住んだ。子どもたちはアメリカン・スクールに通学した。その間，Tも日本での生活を十分に楽しんだ。

その後，一家は再びアメリカに戻るが，夫は，20年余りいた軍籍を離れ，カリフォルニア州S市のH大学の事務局に再就職する。

「私を東部（夫の出身地）に連れていっても，絶対に幸せでない。夫の生家は堅苦しいし，向こうは，また違いますからね。日本と夫の生家との中間に住もうということになって，それでカリフォルニアになったんです。いろいろなところにいい仕事（第二の仕事）がありましたけど，お金は少なくても，カリフォルニアに住もうということになりました。」

ここで，H大学の紹介で，TもS市の小学校で日本文化を教えることになる。初めは，1～2校だったが，評判がよく，そのうち，毎日のように小学校に行くようになった。

夫は，H大学の事務局で10余年働き，退職するが，その後，さらに再就職した。夫婦はずっとS市で過ごしてきたが，夫が199X年に永眠した。もう少しで結婚40周年だった。

Tは，長期にわたり，大学における日本人研修生へのサポートのほか，日本語ガイド等，さまざまなボランティア活動をおこなっている。

6）補足 －Tの回想録

［結婚生活への心構え］

「面白くない夫でしたけど，割り切っていましたから。若い時は若い時，結婚する前は結婚する前，結婚して子どもを産んで家族ができたらそれが私の世界だって思っていたから。そちらの方（家庭生活）に一生懸命だったから。ダンスが本当に食事よりも好きだったけど，結婚した人がダンスできない人でしょう。ピシッとやめました。」

［アメリカでの結婚生活，市民権，子育て］

「いろいろなことがありましたけど，よくやってきたと思います。」

「苦労はしましたよね。軍の仕事は出たり入ったりだったから（転勤や夫の単身赴任のことを指している）。だけど，うちの主人は家庭を大切にしていた人だからね。上を見ればきりがないけど，子どもたちが小さい時，いい父親でした。」

「主人が朝鮮に行っていた時に，市民権をとったんです。子どもたちがいるから，市民権をとるための学校に通う時間がないんです。子どもたちを寝かして，夕飯の後片付けして，テレビもみないで，勉強したわ。お皿洗いながらでも，本を窓においてね。勉強が終わると主人に手紙書いて。子どもたちがどうだとか。一週間に3回ぐらい。朝鮮にいる主人からも毎日手紙がきていたの。（中略）朝，ポスト屋さんがきたら，持っていってくれるように，夜中の2時とか2時半まで，スペリングがわからないところは調べて，手紙を書いて，床にはいるのが2時3時でしょ。子どもは赤ちゃんだから，6時か7時には眼がさめるでしょ。それから，育児ですよ。毎日，その繰り返しだったの。よくがんばったって自分で思う。」

「少し英語できたけど，子どもを育てるとき大変でしたよね。全然こっち（アメリカ）知らないでしょう。小児科に連れて行っても，だいたいの言葉はわかるけど，医者の言葉って難しいでしょう。細かいことを言われても，よくわからなくて，すごく心配したことがありました。」（夫の単身赴任時）

2.2 "戦争花嫁"の特徴

"戦争花嫁"のなかには，渡米後，さまざまな事情で，アメリカ人の夫との

2. "戦争花嫁"の事例とライフヒストリー

関係を維持できず，離婚をした人もたくさんいる。そのような状況のなかで，ここでとりあげた事例は，幸運な"戦争花嫁"たちと言えるかもしれない。しかしながら，Tのライフヒストリーは，Tが，強い意思と絶え間ない努力によって，アメリカという新しい環境のなかで，現在の生活を築きあげてきたことを物語っている。そのような"戦争花嫁"自身やまわりの環境の特徴をまとめると次のようになる。

①"戦争花嫁"は，戦争と敗戦を体験しているが，戦前の日本の価値観を教育されている。

②当時の日本社会では，米国人との結婚は受け入れられるものではなかった。そのなかで，結婚に至った理由は，適齢の男性の少なさ，夫の熱心な求婚，未知の生活に飛び込める若さであるようだ。多くの場合，両親の反対を押し切り，結婚・渡米しているので，"戦争花嫁"には，結婚に失敗しても，日本に戻るという選択肢はなかった（かなりの覚悟で結婚に至っている）。

③"戦争花嫁"には，米国の生活や米国人の夫への接し方等についての研修会が用意されていた。これは，"戦争花嫁"が米国の生活習慣等への理解を促し，ある程度の異文化適応に役だったと推察される。

④米国では，日本女性に対するステレオタイプ（夫につくす，働き者など）もあり，戦争花嫁たちは夫の家族からはある程度受け入れられていた。しかし，米国在住の日系人からは，米国人と結婚した日本人女性は受け入れられなかった。また，夫が軍籍にいる間は，国内外の転勤が頻繁にあり，まわりには軍関係者が多く，そのなかで生活していた。

⑤"戦争花嫁"は，英語を習得し，アメリカの生活習慣に適応する努力をしてきた。母親自身の母語である日本語を子どもたちに継承するのではなく，子どもの母語は英語で，アメリカ人として教育している（現在では，日本語を教えてこなかったことを残念に思っている人も少なくない）。新田（2000）も，"戦争花嫁"は「日本人である」という意識を精神的な支えとし，子育てを熱心にしてきたことを指摘している。

⑥夫の退役後，日本の食品が入手しやすい（多民族が居住し，日本人も多い），日本に近いことから，カリフォルニア州を定住地として選択している。日本人の妻に対する夫の思いやりを推察できる。子どもは独立しており，夫が他界し

一人暮らしか，夫婦を中心とした生活をしている。

3．"戦争花嫁"の意識

　本節では，質問紙調査の結果[8]と前節で取り上げた"戦争花嫁"の事例Tを中心とする事例研究との両方用い，成人期後期，あるいは，成人期後期間近の異文化間結婚者の「異文化間結婚のへの評価」および「生活への満足度」について，戦争花嫁の意識（気持ち）を明らかにする。なお，事例のなかの下線は著者による加筆である。

3.1　回答者の属性

　質問紙調査への回答者（153人）のうち，109人がアメリカ人，44人がオーストラリア人と結婚している。出身地は，広島（約30人）と東京（約25人）に集中しているが，北海道から沖縄に至る35都道府県にわたっている。広島には，英連邦占領軍（BCOF）の本部があったため，オーストラリア人との結婚が多い。また，戦争花嫁の大部分は夫の国籍を取得している。結婚した年は，1951年から1957年までに集中している。1952年が27人（18％）で最も多く，次いで1955年の18人（約12％），1954年と1956年の各17人（約11％），1951年の15人（10％）となっている。結婚時の平均年齢は，日本人女性は24.2歳，外国人男性は27.9歳である。夫との出会いのきっかけとしては，職場（43％）と知人の紹介（34％）が多い。過半数が，当時，職業をもっていたが，職種はさまざま（ハウスメイド，ウエイトレス，タイピストなど）で，軍関係の仕事についていた人が多かったと推察される。1952年から1957年の間に70％近くが夫の国である米国やオーストラリアに渡っている。その後，ほとんどの人が日本に一時帰国している（日本への転勤以外では，多くの場合，文化間移動直後ではなく，成人中期以降と推察される）。"戦争花嫁"の約30％は10回以上も一時帰国しているが，他方，経済的事情だけではなく，家族や親戚から結婚を認めてもらえないために，日本に一度も帰国した経験のない人もいる。

3.2　異文化間結婚への評価

"戦争花嫁"たちがアメリカ人／オーストラリア人男性との結婚をどのように評価しているのかについてとりあげる。

(1)　質問紙調査

「アメリカ人／オーストラリア人の男性と結婚してよかったですか」「アメリカ人／オーストラリア人の男性と結婚して大変だったと思いますか」「もう一度生まれたとしたら, 日本人と結婚したいですか。それとも, アメリカ人／オーストラリア人と結婚したいですか」「もう一度生まれたら, あなたの夫と結婚したいですか」という質問に対する回答から, "戦争花嫁"たちのアメリカ人／オーストラリア人男性との結婚についての評価を把握する。

「アメリカ人／オーストラリア人の男性と結婚してよかったですか」という質問に対して,「はい」が131人（86％）,「いいえ」が11人（7％）,「無回答」が11人（7％）だった。「はい」が圧倒的に多い。「はい」の理由の上位は,「親切」(13％),「自由」(11％),「やさしい」(10％),「大切にしてくれた」(5％),「いいえ」の理由は,「言葉の違い」(26％) や「考え方の違い」(18％) などである。

「アメリカ人／オーストラリア人の男性と結婚して大変だったと思いますか」という質問については, 63人（41％）が「はい」, 82人（54％）が「いいえ」と回答している（無回答が5％）。「はい」の理由の上位は,「言葉のハンディ」(56％),「文化・習慣の違い」(35％),「食事の違い」(8％),「価値観・生まれ・育ちの違い」(8％) である。

「もう一度生まれたとしたら, 日本人と結婚したいですか。それとも, アメリカ人／オーストラリア人と結婚したいですか」という質問に関しては, 69人（45％）がアメリカ人／オーストラリア人と再び結婚したいと答えているが, 日本人と結婚したいと答えた人も31人（20％）いる（35％が無回答）。前者の理由としては,「自由の尊重」(12％),「幸福だったから」(6％),「人権の尊重」「生活様式・しきたりが好き」「やさしい」「誠実」(各4％) が, 後者の理由には,「日本人同士がよい」と「日本語でわかり合える」(各13％),「もっと理解し合いたい」(10％) が上位にあげられている。

さらに,「もう一度生まれたら, あなたの夫と結婚したいですか」という質

問には，106人（66％）が「はい」，39人（25％）が「いいえ」と答えている（無回答9％）。「はい」の理由の上位は，「やさしい」（12%)，「愛する人」（11%)，「親切」（8％)，「幸福」（8％)，「よい人」（7％）である。

（2） 事例T （Sは著者）

S：「アメリカ人と結婚してよかったですか。」

T：「<u>よかった</u>ですね。<u>またこのひとと結婚するでしょうね。</u>」

S：「それはどうしてですか。」

T：「長い結婚生活で，苦しい時もあったけど，今考えてみると，過去の楽しいことがたくさん出てくるのね。それで，幸せだったんだなって思うから。<u>何で苦しかったり寂しかったりしたかっていうと，結局，祖国を離れているでしょ。きょうだいはみんな日本でしょ。親も日本にいるでしょ。</u>日本で何かあったときにぱっと行けないでしょ。（中略）私が日本に帰ったら，みんなが集まるのね。今も仲がいいんです。それで，主人も私をかわいそうに思っていたし，同情していた。私は私で，何か向こうであったときはすごく悲しかったし。」

S：「それが，アメリカの方と結婚して，一番たいへんだったことですか。」

T：「（略）まあ，大切にしてくれたし，子どもも大切にしてくれた。でも，アメリカで二番目の子どもを産んだ時，日本にいたらみんな手伝いにきてくれるのにとか，お正月とかみんな集まるのにとか，そういうので寂しかった。」

S：「日本人と結婚したかったですか。」

T：「いいプロポーズがあって，いい条件で，食べることとか，生きるのに大変な時代でなくて，私がもっと年を取っていたら，日本の男性と結婚していたと思いますよ。でも，若かったから。20歳初めごろって，いろいろな夢を持っていた時期でしょ。そういう時に，その人（夫）が現われて，毎日手紙もらっていたら，ボーとなりますよね。だから，もっと後の時期で，私が落ち着いてたら，やっぱり日本の人と結婚してたかもしれません。<u>今，20歳ぐらいで，今の時代だったら，アメリカ人なんかと絶対に結婚しません。</u>」

S：「どうしてですか。」

T：「どうしてって。やっぱり，<u>親きょうだいが一番大切</u>なんじゃないかなあ。（中略）そうそう。そして，私を引っ張ってくれる人が必要なのね，日本の男性でも。私が引っ張るのでなくて，結婚しなくちゃだめだって，私を引っ張っ

てくれるぐらいの強い日本人の男性がいたら,結婚していたかもしれない。」
S:「ご主人は何でもどんどん,結婚のこともどんどん決断していくタイプの方だったんですか。」
T:「そうなの。やさしい引っ張り方っていうのかな。そうされたから結婚してしまった。(中略)あのころの(日本の)男性はみんな弱かったのね。それだけの力がなかったのね。私がそういう気になれなかったから。(中略)私,日本の男性大好きよ。(中略)だからって(日本人と結婚して),私が幸福だったかどうかは知りませんよ。だけど,私の40年間の結婚(生活)についての悔いはない。強がりとかではないわよ。結婚していてよかったっていうのは,うちの主人よね。なぜかっていうと,私をこれだけの女性に育ててくれたのは,主人ですし,家もちゃんと作ってくれたし。これだけの家ですけど。子どもも残していってくれたし。(中略)病院はいやだっていうので,家で眠ったまま亡くなったのね。亡くなる前に,手を握って,話したりしているときに,うちの主人が私に,『いろいろありがとう。自分をここまでみてくれてありがとう。何も残していけないけど,資産はたいしたことないけど,いい子どもたちをあなたに残していくから,いいよねって。ありがとう』って言って,私も『そうね。いい子どもたちだものねって』そういう風に本当の気持ちを話して,1週間目に亡くなったの。『自分たちは本当にラッキーだったね』って言って,亡くなりましたから,私もほっとしていられるの。本当に一生懸命,夫の世話をしたと思う。」

事例Tはアメリカ人との結婚を肯定的に評価しており,もう一度結婚するとしたら同じ夫とすると語っている。しかし,もし時代が違っていれば,アメリカ人とは結婚しないとも述べている。これは,Tにとって,日本の家族から遠く離れていることのさびしさが,アメリカ人との結婚に伴う大きな困難だったことによる。

(3) まとめ
アメリカ人やオーストラリア人と結婚したことを多くの戦争花嫁が肯定的に評価している。再びアメリカ人,または,オーストラリア人と結婚したいと述

べている人は半数以下にとどまっているが，6割以上の"戦争花嫁"が，もう一度生まれても，今の夫と結婚したいと思っていることは興味深い。Tもそのなかの1人である。外国人との結婚や異国での結婚生活にはいろいろな困難が伴っていたとしても，アメリカ人とか日本人とかという国籍のレベルではなく，ひとりの人間として評価できる夫にめぐり会えた人は，異文化間結婚を肯定的に評価していることが推察される。異文化間結婚であっても，最終的には，夫の人間性，人柄が重要であることがわかる。

3.3 生活への満足度

"戦争花嫁"たちが，現在の米国やオーストラリアでの生活に満足しているかどうかを把握する。

（1） 質問紙調査

「あなたは，全体として，現在の生活にどの程度満足していますか」という問いに対しては，104人（68％）の"戦争花嫁"が「満足している」，38人（約25％）が「まあ満足している」と答えており，両者を合計すると90％以上の人が，現在の生活にある程度満足していることがわかる。また，「今，困っていることはありますか。」という質問に関しては，「はい」が21人（14％），「いいえ」が125人（82％），無回答4％であり，80％以上の人が，現在困っていることはないと答えている。困っていると答えた人は，その理由として，「健康状態・老後の健康」（33％），「経済問題」（19％）などをあげている。

（2） 事例T （Sは著者）

S：「今までのご自分の人生に満足してらっしゃいますか。」
T：「満足ね。まあまあね。うちのきょうだいとも昨日電話で話したんですけど。（中略）美智子妃殿下とか常陸宮妃殿下とお会いしたことも知っているんです。お礼の杯や感謝状とか，一杯もらってるんですけど。でも，『私が一番貧乏じゃないの』って，話したら，『私たちはお姉ちゃんを誇りに思っているのよ』って，言われたときには涙がでてきました。（中略）そうねえ，何が一番楽しかっただろうな。やっぱりクリスマスとかに集まって，わーわー言って，私のお料理

を食べて，おいしいおいしいって食べてくれるときが一番うれしいですね。それから，息子が生まれたとき，子どもが毎日ママへって描いた絵を，(病院に)お父さん(夫)がもってきてくれたこととか，そういう小さなことよね。みんなでいっしょにピクニックにいって，ママの作ったのおいしいねーって言ってくれたときとか。桃太郎の英語の本，ピーチタローっていうんですけど，ロッキングチェアに座って，孫を抱いてそれを読んでやっているときとか，なんて幸せなんだろうって思う。」
S:「現在，心配されていることとかありますか。」
T:「ありますね。主人がなくなったでしょ。老後のことが心配になりますね。日本のように，70才になったら，全部病院がただではないから。(中略) もしもわたしが病気になったら，どんなになるかなって，ぼけにはなりたくない。(中略) 半身不随とかにはなりたくないとか，そういうことは心配。」
S:「現在の健康状態は。」
T:「いいほうです。お蔭様で。」

　質問紙調査の場合と，まったく同一の質問に対する回答ではないが，生活にはむしろ満足していることが推察される。しかしながら，老後の生活，将来の医療費や健康状態については心配している。

(3) まとめ

　一人暮らしの"戦争花嫁"が多く，しかも高齢になってきているので，健康状態や老後の生活については多少の心配があるようだが，多くの"戦争花嫁"が，過去においてさまざまな困難があったにもかかわらず，現状に満足していることは注目に値する。

4．二つの国・文化と文化的アイデンティティ

　本節では，成人後期に達した"戦争花嫁"にとって，日本やアメリカ・オーストラリアがどのような意味をもつかについて，質問紙調査結果と事例研究の両方を用いて把握し，これまでの節を踏まえたうえで，"戦争花嫁"のアイデ

ンティティや文化的アイデンティティについて考察する。

(1) 質問紙調査

"戦争花嫁"の日本とアメリカ・オーストラリアへの態度を把握するために,「現在,もしできれば,日本に住みたいと思いますか」と「死後もアメリカ／オーストラリアの土のなかに眠りたいですか」という質問への回答をとりあげる。

「現在,もしできれば,日本に住みたいと思いますか」という質問に対しては,「はい」が34人(22%),「いいえ」が112人(73%),無回答5%である。7割以上が,日本には住みたくないと答えている。その理由の上位は,「日本は窮屈」(20%),「アメリカ／オーストラリアに住み慣れている」(11%),「家族がいる」(9%),「物価が高い」「外見を気にしないで自分でいられる」「土地や生活が好き」(各6%)である。日本に住みたいと答えた2割強は,その理由として,「母,きょうだい,親類がいるから」(12%),「生まれた国だから」「日本食が好き」「日本の四季が好き」(各9%)などをあげている。

また,「死後もアメリカ／オーストラリアの土のなかに眠りたいですか」という質問に対する回答は,「はい」が127人(83%),「いいえ」が15人(10%),無回答が11人(7%)だった。8割以上が死後もアメリカ／オーストラリアに埋葬されたいと答えている。その理由として多くあげられたのは,「主人の側に眠りたい」(36%)と「子ども(家族)がいる」(31%)だった。

(2) 事　例

前述(第2節)の4事例をとりあげる。なお,事例Tについては,より詳細な「語り」を提示する。下線は著書による。

|事例M|

　<u>アメリカは"第二の故郷"</u>なので,<u>ずっと住む</u>つもり。「<u>快適ですから</u>。今まで,(アメリカで)自分で,築こうという決心をして,努力もしてきたし,子どもも孫もいます。日本へ帰っても,もう父はいないし,母はいますけど。(中略)市民権をとったし,(中略)(日本に)訪問はしたいけれども住みたいとは思わない。(中略)住んでみてもいいと思います。ですけれども,こちらの方が,快適。」

4．二つの国・文化と文化的アイデンティティ

事例A

　アメリカの方が世間体を気にしないで，自由に暮らせるので，アメリカに骨をうずめるつもり。日本には遊びで帰るだけでいい。子どもや孫がいるし，日本は物価が高いので，アメリカの生活の方が楽。「日本は自分の生まれ育った国だから大事に思いますよ。でも，特に，私の場合はこっちで暮らした歳月の方が長いんですよね。(中略)体験して，経験して，自分なりの生活を築いてきたでしょう。家族もつくって。今までどうにかやってきたでしょう。これが自分の本当の生活。日本が嫌いとかそうではないんです。日本は，自分が生まれた母国ですよ。だから，絶対に忘れませんよ。」

事例S

　「アメリカ人と結婚した以上は，このアメリカに住んで，アメリカの文化を(と思いますが)，日本人であるんですから，徹底的，100％アメリカ人になりきれませんよね。でも，日本のいい所とアメリカのいい所をとって，両方の国の橋渡しをしたいと思いますが……結局，アメリカという国は，主人の母国ですから，いつか私の母国にもなるんだなって思ってます。日本はですね，たまには，1年おきかそこら，帰りますけれど，でも両親は日本にいないから，きょうだいたちだけですからね，やっぱり，アメリカは私の母国ですね。」

事例T

　日本に帰れれば帰りたいが，アメリカにとどまることにした。家も墓もあるし，子どもや孫がいる。また，日本では，年金だけでは十分な暮らしができない。日本のきょうだいとの絆は強い。日本食も食べたい。でも，アメリカの方が楽。

　なお，事例T③の語りを次に示す（Sは著者）。

S：「御自身にとってアメリカとは何ですか。」
T：「アメリカってね，本当に合衆国ですね。いろいろな人種が集まっていて，いろいろ環境が違うわけ。でも，カリフォルニア州には，東洋的なものがあったり，東洋人が多かったり，メキシコ人が多かったり，食べ物も本当に何でもあります。東部の方に行くと，全然人種が違うんです。本当にアメリカ人っていう感じです。私，中部を知らないけど。西部の方と東部しか知らない。東部もいいですけど，私，あそこにずっと住んでいたら，苦労してたんじゃないか

なーと思うようなこともあります。本当に打ち解けていけたかなって。ここ（カリフォルニア）だから，食べたいものを食べられるし，したいことができるし，何をしても誰も言わないし，服装なんかも誰も何も言わない。」
S：「日本に戻りたくないですか。」
T：「日本で生活ができるんだったら，あんがい帰るかもね。なぜかっていうと，きょうだいがたくさんいるからよ。みんな向うにいますからね。うちの主人が去年なくなったとき，お姉ちゃん大変だったら帰ってらっしゃい，部屋があるからって（言ってくれました）。だけど，この家もあるし，お墓もこっちにあるでしょう。お墓を買っているし，子どもも3人いるし，孫ができたでしょう。そしたら，もう日本に帰りませんよ。だから，（きょうだいたちには）『ありがとう，でも，私はここに住むよ』って言いました。（中略）実際には，帰れません。」
S：「帰れないって，いうことは，もし条件がそろうなら，できれば住みたいということですか。」
T：「うん，やっぱり，そうですね。若いときは，日本食を食べなくてもすんでいたのが，50代以上になると，日本食食べたくなりました。最近は，1週間に2〜3回，ご飯を食べたいですものね。主人が亡くなって，年金で生活をしているわけですよね。（中略）その程度では，日本ではちょっと生活しづらいんじゃないかと思うのね。こちらでは，お蔭様でこの家があるから，結構それで生活していけますから。」
S：「死後もアメリカの土のなかに眠りたいですか。」
T：「そうですね。日本に何か，つめとか何かを送るかもしれないけど。ここではね，埋葬するんですよね。大きなグリーンの墓地に（幼くして）亡くなった子どものお墓があるでしょう。隣りに主人と私の墓を買っておいたの。主人の隣りに，私が入るようになっているの。」

（3）考察　―米国在住の"戦争花嫁"を中心に

　"戦争花嫁"は，日本（親，きょうだい，食べ物）に対する愛着をもちながらも，米国（豪州）で一生を終える決心をしている（生活の自由さ・気楽さ，子どもや孫，家や墓の存在，日本の物価の高さなどが理由）。彼女たちは，米

国（豪州）生活の当初には存在しなかった自分の"居場所"[9]を努力で築きあげてきた。"戦争花嫁"にとって，日本と米国（豪州）という二つの文化（国）は，伝統的な（戦前に教育を受けた）日本女性にとっての実家と嫁ぎ先との関係に似ている。すなわち，実家（日本）は育った場所であり，それは，一生消えることはないが，時間とともに，嫁ぎ先（米国・豪州）に"居場所"を拡大していき，その家の人となり，一生を終える。"戦争花嫁"のなかに，それをごく自然に受入れている，伝統的な日本女性の姿も見ることができる。

図6は，米国在住で米国人と結婚した"戦争花嫁"のアイデンティティおよび文化的アイデンティティ形成のプロセスを示している。

①"戦争花嫁"たちは，日本で生まれ，戦前の日本社会のなかで社会化し成人期を迎えている。米国人男性と出会った時には，すでに，（自我）アイデンティティや日本人としてのアイデンティティ（文化的アイデンティティ）を形成していたと考えられる。

②米国人男性との出会い・求婚によって，"戦争花嫁"のアイデンティティはゆらぐ（危機）が，モラトリアムを経て，結婚を決意し，実際に結婚することにより，アイデンティティは再統合される。結婚と同時に，日本国籍から米国籍に変更しているが，当時は，"戦争花嫁"にとって，米国人と結婚することは，日本国籍から夫の国籍に変更することでもあった。

③結婚後もしばらくは，日本で生活するが，米国へ文化間移動をすることになる。ここでの文化間移動は永住（多くの"戦争花嫁"は，「日本に戻る」という選択肢をもたなかった）を意味している。

④新しい文化（米国文化）のなかで生活することによって，アイデンティティの再構築が始まる。自文化（日本文化）と新しい文化（米国文化）との接触はアイデンティティの危機をもたらすが，モラトリアムを経て，再統合に至る。その後も，二文化接触によって，大小の危機が生じるが，再統合に至り，それが，繰り返されていくが，そのたびに，異文化間結婚（国籍変更），あるいは文化間移動（永住）という決定が間違っていなかったかどうかが再吟味される。"戦争花嫁"の場合には，二文化接触には，配偶者や居住地の文化・社会環境との接触だけではなく，現地の日系人（移民）との接触が含まれる。また，米国人の夫の転勤等によって，日本への一時帰国・滞在を経験する場合には，"戦

争花嫁"である自身と日本在住の日本人との接触も生じることになる。当時は，日本社会のなかに，"戦争花嫁"に対する偏見・差別が残っていたにもかかわらず，基地内に居住していたことによるものかもしれないが，それらについての言及はほとんどなかった。

⑤たとえ，永住を決めていても，成人中期から成人後期に至る過程で，永眠地を含む老後を過ごす場所（「老後の居場所」）が再吟味されると推察されるが，成人後期あるいは成人後期間近の"戦争花嫁"たちは，ゼロから努力してつくりあげてきた「居場所」（「実際の居場所」および「精神的な居場所」）のある，現在の居住地（米国）を選択している。米国の自由な雰囲気，子どもや孫が居住していること，家や墓があること，日本の物価の高さ（経済的な問題）などがその理由であるが，なかでも，米国にいる子どもや孫の存在と生活するための経済的基盤が日本にはないことが大きい。

★異文化間結婚者の文化と，主に現地文化（日系移民を含む）との接触

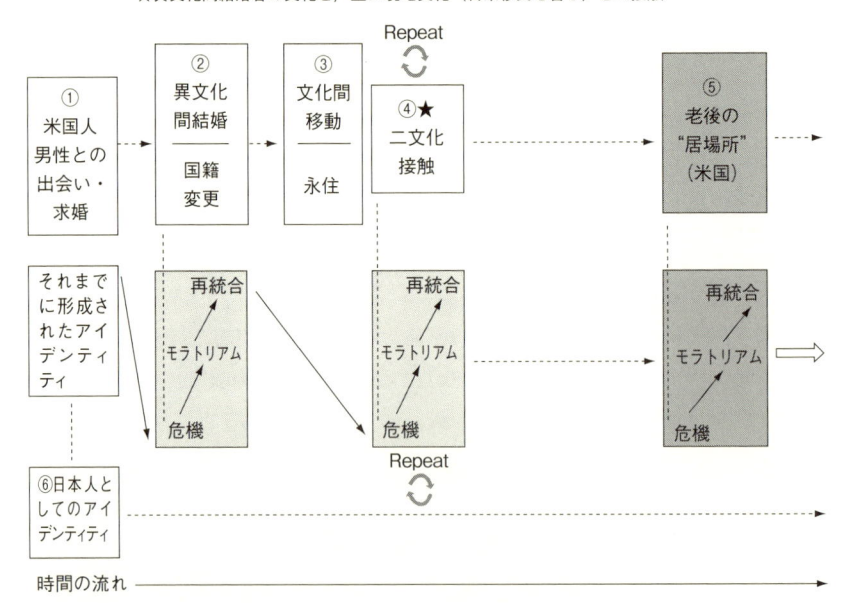

図6　文化間移動と（文化的）アイデンティティ形成のプロセス（モデル）
—"戦争花嫁"の場合（鈴木，2006；Suzuki，2008を修正）

⑥しかしながら，日本は，実際の故郷（生まれ・育った場所）というだけではなく，「こころのふるさと」，「こころの支え」あるいは「誇り」として，長期間にわたる米国滞在や永住の決意にもかかわらず，"戦争花嫁"のこころのなかに生き続けている。すなわち，「日本人としてのアイデンティティ」は保持されたままであると考えられる。

ところで，日本（文化）と現在の国（文化）という2つの国や文化に対する"戦争花嫁"の気持ちを理解する際のキーワードとして考えられるのが「家族との絆」と「皇室の存在」である。「家族との絆」は，日本にいるきょうだいとアメリカ・オーストラリアにいる子どもたちとの絆である。すなわち，きょうだいとの絆が日本との絆であり，子どもたちとの絆が米国・豪州との絆でもある。また，"戦争花嫁"の語りには，日本人としてのこころの支えとして「皇室の存在」がしばしば登場する[10]。たとえば，Tは，日本人研修生を対象とした大学でのボランティア活動が評価され皇室の人々と話す機会に恵まれている。それは，Tが，米国という異国の地にありながら，日本や日本人のためによい仕事をしてきたことを意味する。さらに，敗戦当時，理由はどうであれ，敵国の兵士と「国際結婚」をしたことを，日本のマスコミや家族・隣近所から非難された経験をもつ"戦争花嫁"たちが，皇室に認められることによって，彼女たちの存在やこれまでの生き方が日本から承認されたことになる。それは，これからも異国の地で生き続けていく，"戦争花嫁"たちの誇りや励み，さらに，日系人としてのこころの支えになって行くと考えられる。

5．まとめ

本章では，生涯発達的視点から，戦前の日本で生まれ，育ちながらも，戦後の混乱期に，米国人あるいはオーストラリア人男性と結婚し，文化間移動をし，長年，外国文化のなかで生活し，成人後期に到達した（あるいは，成人後期間近）"戦争花嫁"を対象に実施した，面接調査（事例研究），および質問紙調査の結果を総合し，二つの文化と（文化的）アイデンティティについて考察した。

"戦争花嫁"が異文化間結婚をし，文化間移動をした時代に比べ，日本と米国・豪州の関係も，日本や米国（豪州）における"戦争花嫁"の社会的な位置づけ

も大きく変化し，"戦争花嫁"として差別されることはなくなった。そのような時代の変化にはかかわらず，日本で社会化した"戦争花嫁"のこころの故郷は一貫して"日本"であり，"日本人"であることは精神的な支えとなっている。すなわち，個人差はあるが，文化的準拠枠（北山，2003）は日本である。しかしながら，実際の"居場所"は現在の居住地であるアメリカやオーストラリアにある。したがって，"戦争花嫁"は，「米国・豪州へ文化間移動をした，米国人・豪州人の夫をもつ，元日本人女性（かつて日本人だった女性）」としてのアイデンティティをもち，移動先の外国にその根をおろしていると言える。そこには，今後，何代にもわたり，多くの日系の子孫が育っていくことになる。もし可能ならば，外国の地に"居場所"がありながらも，故郷である日本をときどき訪問できることが，"戦争花嫁"にとっての理想の生活と推察される[11]。

〈注〉

1）平成8年度～平成10年度科学研究費補助金（国際学術研究）による「海を渡った花嫁たち－戦争花嫁のプロフィール」（課題番号08041084，研究代表者：植木武）の研究成果の一部である。

2）面接調査と質問紙調査以外にも，1998年（米国）および2000年（日本）には，「国際結婚交流大会」（"戦争花嫁"の交流会である「日系国際結婚親睦会」の大会）に参加し，参与観察や聞き取り調査をおこなった。また，1997年，および1998年には，"戦争花嫁"の家にホームステイをしている。

3）面接参加者（"戦争花嫁"）は合計6人，そのうち，4人の夫はヨーロッパ系米国人（うち，2人には面接調査を実施している），1人はアフリカ系米国人，もう1人は日系米国人だった。面接時には，夫たちはすでに退職しているか，亡くなっていた。調査参加者は，各地域の"日系国際結婚親睦会"のメンバーのなかから希望者を募った。したがって，現在，比較的安定した生活をしている人が調査参加者である可能性は否めない。しかしながら，調査当時，"戦争花嫁"が，現在ほど肯定的にとらえられていなかった状況を考慮すると，調査自体が画期的なものであり，意義があると考えられる。本書では，ヨーロッパ系アメリカ人の夫をもつ4人をとりあげる。

4）質問紙調査については，著者はその一部を担当している。

5）著者は，1996年以来，"戦争花嫁"の組織である「日系国際結婚親睦会」やその年次大会である「国際結婚交流世界大会」等を通じて，多くの"戦争花嫁"と知り合い，その中の数人とは現在も交流がある。

6）1950年代に米国兵と結婚した4事例（M，A，S，T）のなかから，特に事例Tをとりあげたのは，結婚から配偶者の他界した後の生活世界までを視野に入れることができ

ること（事例Aと事例Sは配偶者が存命），自宅におけるインタビューのため，実際の生活状況の把握や，写真や資料等の閲覧によってより詳細なデータの入手が可能だったことによる（事例Mは自宅外でのインタビュー）。

7）ライフヒストリー（生活史）は「個人の一生の記録，あるいは，個人の生活の過程から現在に至る記録」（谷，1999, p.4）である。また，桜井（2002）は，ライフヒストリーは「ライフストーリーをふくむ上位概念であって，個人の人生や出来事を伝記的に編集したものである」としている（p.58）。

8）質問紙調査の結果（データ部分）については，植木（2000）からの抜粋に加筆・修正をしている。なお，回答の理由は複数回答による。

9）「居場所」は「自分らしく生き生きとしていられる場所」であるが，「居場所」には，「実際的な居場所」と「精神的な居場所」があり，文化間移動への肯定的な評価には，少なくともどちらか一方が存在することが示唆されている（本書第4章参照）。

10）"戦争花嫁"が参加する"日系国際結婚親睦会"のニューズレターのなかには，皇室関係の記事や皇室と会員の会談を伝える記事も多い。

11）異文化間結婚者において，文化間移動をしたパートナーが，どのぐらいの頻度で出身国（文化）に戻ることができるかどうかは，そのこころの安定に深くかかわっていることが指摘されている（鈴木，2003）。

〈引用文献〉

植木　武（代表）（2000）．平成8年度〜平成10年度科学研究費補助金（国際学術研究）研究成果報告書「海を渡った花嫁たち　−戦争花嫁のプロフィール」　p.200.

『日系国際結婚親睦会』ニューズレター　（1994〜2002）

北山　忍（2003）．「自己」への文化心理学的アプローチ　山口　勧（編）社会心理学　−アジアからのアプローチ　東京大学出版会　pp.41-50.

新田文輝（1997）．海を渡った日本人女性　−戦争花嫁再考　吉備国際大学社会学部研究紀要，**7**, 1965-175.

新田文輝（2000）．面接調査分析　植木　武（代表）（2000）．平成8年度〜平成10年度科学研究費補助金（国際学術研究）研究成果報告書「海を渡った花嫁たち　−戦争花嫁のプロフィール」　pp.145-170.

桜井　厚（2002）．インタビューの社会学　−ライフストーリーの聞き方　せいか書房

佐藤郁哉（1984）．暴走族のエスノグラフィー　新曜社

鈴木一代（2003）．国際結婚者の国籍変更と文化的アイデンティティ　埼玉学園大学紀要（人間学部篇），**3**, 1-12.

鈴木一代（2006）．文化移動と文化的アイデンティティ　−異文化間結婚の場合　埼玉学園大学紀要（人間学部篇），**6**, 83-96.

Suzuki, K. (2008). Transferring to a new culture and cultural identity. Presented in the XXIX International Congress of Psychology （ICC Berlin, Germany）24 July 2008.

Tamura, K. (2001). *Michi's memories : The story of a Japanese war bride*. Canberra: The Research School of Pacific and Asian Studies, the Australian National

University.
谷　富雄（編）(1999)．ライフ・ヒストリーを学ぶ人のために　世界思想社
安富成良・スタウト梅津和子　(2005)．アメリカに渡った戦争花嫁　－日米国際結婚パイオニアの記録　明石書店

第Ⅲ部

日本在住の異文化間結婚外国人女性と
精神的健康，文化的アイデンティティ，
言語・文化の継承

第6章

異文化間結婚者の異文化適応と精神的健康

　異文化間結婚は，一般に，どちらかのパートナーの出身地に居住する場合が多い。その際，異文化出身のパートナーはさまざまな問題に遭遇すると考えられる（国際結婚を考える会，2007；鈴木，2000bなど）。たとえば，言葉，アイデンティティ，宗教，習慣，滞在許可や労働許可，子どもの養育・教育についての問題である。これらの問題は国際結婚者の適応や精神的健康に直接的・間接的にかかわってくるが，都市部で生活する異文化間結婚者，特に，異文化出身の妻が，日本社会のなかで，あるいは，家庭のなかでかかえる問題については，今まであまりとりあげられてこなかった。

　本章では，日本人男性と結婚し，夫の出身国である日本（都市部）に居住する異文化出身の妻の適応や精神的健康について明らかにするとともに，異文化出身の妻がかかえる問題にについて把握する。さらに，その支援について考える。

1．調査の概要

1）調査参加者

　東京近郊在住で日本人男性と結婚した外国人女性20人。内訳は，アジア出身者10人（フィリピン3人，中国2人，インドネシア，韓国，香港，台湾，インド，以上各1人）と欧米出身者10人（ドイツ3人，イタリア2人，米国，オーストラリア，東欧X国，フィンランド，ポーランド，以上各1人）である。原則として子どもがいることを条件としたが，欧米出身者のうち2人には子どもがいない。また，アジア出身者には，離婚した人が1人，子どもを連れて再婚

した人が1人含まれている[1]。調査参加者は知人からの紹介，調査参加者からの紹介，および日本語教室等からの紹介によるが，大半は知人を媒介としている[2]。

2）調査時期・場所

2007年2月から5月。1人につき約1時間30分から約5時間30分。東京都，神奈川県，埼玉県の調査参加者の自宅，カフェ，レストランなど。

3）調査方法

個人面接法（半構造化面接）。

①面接内容

鈴木（2000b，2003など）を基に，先行研究も参考にし，質問内容（ガイドライン）を作成した[3]。

主な内容は，a）調査参加者およびその家族（夫，子ども）の属性（国籍，年齢，職業，来日時期，滞在期間，滞在許可，教育歴，言語力，家族構成，家族内の言語使用など），b）結婚に至る経緯，c）夫婦関係や相違点，d）子どもの養育・教育，e）日本および母国への気持ちに関連した事柄，f）交友関係，g）全般的な満足度，h）困難な事柄（過去と現在），i）心配な事柄などに関する質問である。a）とb）は調査参加者の特徴とその背景を把握するための項目であり，詳細な記録用紙を作成した。c）からi）は調査参加者の適応，精神的健康，困難などを明らかにするための項目である。記録用紙およびガイドラインは基本的に英語で用意した。

なお，WHO（世界保健機構）の定義によると，健康は，単に病気や病弱でないだけではなく，身体的・精神的・社会的にも完全に快適な状態を指す。本研究においても，精神的健康を広義にとらえ，調査参加者が語りのなかで，日本人男性との結婚や家庭生活をどのように位置づけているかに着目する。

②使用言語

原則として，調査参加者の希望に従った。日本語（10人），主に日本語で一部が他言語（6人），日本語と英語の混合（3人），英語（1人）だった[4]。

③調査手続き

まず，調査参加者（候補者）に対して，メールや電話で，面接への参加の意志を確認し，場所と時間を決定したが，原則として，調査参加者の希望に従っ

た。面接の際には，簡単な自己紹介をおこない，調査の目的や結果の用途，匿名性の保持，面接時間（2時間程度）等について説明した。その際，話したくない事柄については無理に話す必要のないことも伝えた。同時に，録音機（ICレコーダ）の使用についての許可を求めた。録音機の使用・未使用にかかわらず，あらかじめ用意した主な質問項目（ガイドライン）を印刷した用紙の余白にできる限り筆記するように努めた。また，調査参加者および家族の属性について尋ねる部分については，時間を短縮するためと使用可能言語や言語能力を把握するために，なるべく調査参加者自身に記入してもらうようにした[5]。

4）調査結果の処理・分析

面接記録をコンピュータに入力し，各調査参加者について基礎データを作成した。録音記録がある場合には，原則として逐語記録を作成したが，言語等の問題で回答が冗長だったり，重複・反復が多い部分については，本質に影響を与えない範囲で内容をまとめた。外国語から日本語への翻訳は調査者（筆者）および研究補助者がおこなった。

上記の基礎データを基に，質的な分析をおこなった。まず，事例ごとに，結婚に至る経緯，夫婦間の相違点や問題，子どもの養育・教育，日本および母国への気持ち，交友関係，満足度，困難・心配事などの領域別に特徴的な事柄をまとめた。次に，外国人の妻が，日本人男性との結婚や結婚生活をどのように評価しているか，どのような心配事・不安・悩みや問題をかかえているか（かかえていたか），親密な交友関係（ネットワーク）を形成しているかどうかなどに着目し，主にKJ法に準じた方法によって整理した。その際，各事例の特徴（出身国，滞在年数や結婚年数，年齢，教育レベル，職業の有無，日本語の能力など）についても考慮した。

なお，研究倫理や匿名性の保持については細心の注意を払った。そのために，各事例には，本質に影響を与えない範囲で一部修正を加えている。

調査参加者の属性

調査参加者の属性（抜粋）を示したものが表6および表7である。年齢は30代が5人，40代が11人，50代が4人である。ほとんどがパートタイムで仕事をしている（フルタイムは少数）。特に，母語や母文化を生かした職業（語学講

表6 調査参加者の属性 －アジア出身者

事例	①	②	③	④	⑤	⑥	⑦	⑧	⑨	⑩
年齢	40代	50代	30代	30代	40代	40代	50代	40代	40代	40代
職業	専門職	接客業	主婦	会社員	語学講師	会社員	専門職	芸術・芸能家	語学講師	語学講師
仕事形態	パート	パート	／	フルタイム	パート	パート	パート	パート	パート	パート
教育レベル	大学院修了	高卒	高卒	大卒	大学院修了	高卒	大卒	大学中退	大学院修了	大卒
滞在期間	20年以上	20年以上	10年未満	10年以上	10年未満	20年以上	30年以上	15年以上	15年以上	約5年
結婚期間	10年以上	15年以上	5年未満	10年以上	10年未満	20年以上	30年以上	15年以上	15年以上	5年未満
滞在予定	永住	永住	永住	未定	永住	永住	未定	永住	永住	永住
帰国	年1回	なし	今まで1回	年1回	－	2～3年1回	年1～2回	年1～2回	年1回	年1～2回
宗教	キリスト教	キリスト教	元キリスト教	なし	キリスト教	なし	なし	ヒンドゥ教	ヒンドゥ教	なし
日本語力	4	3	2	4	3	4	5	4	5	4
子どもの数	1人	2人	1人	2人	1人	1人	3人	1人	1人	1人
子どもの学校	小学校	成人/高校	乳児	小学校/幼	小学校	高校	成人	高校	高校	大学
子どもの国籍	日本	日本	日本	二重	日本	日本	日本	日本	日本	中国
夫の年齢	50代	40代	50代	50代	(年上)	50代	60代	40代	(かなり年上)	60代
夫の職業	専門職	運輸業	職人	主夫	教員	会社員	教員	自由業	会社員	定年退職
夫の学歴	大卒	高卒	(高卒)	短大卒	大学院修了	高卒	大学院修了	(専門学校)	大卒	大卒
夫の宗教	キリスト教	なし	なし	なし	キリスト教	(仏教)	なし	(神様)	キリスト教	なし
家庭の主言語	日本語	日本語	日本語	日本語	英語	日本語	日本語	母語	日本語	日本語

注1）「日本語力」は5段階評定：「5」が最高で「1」が最低，「3」が日常会話レベル
　2）「子どもの学校」欄の幼＝幼稚園，保＝保育所
　3）（　）は推定，／は未回答，－は未質問

師など）が目立つ。教育レベルは，高卒から大学院修了までだが，欧米出身者の場合は，大学卒業以上がほとんどで，日本語を専攻した人が多い。日本滞在年数は，10年未満が4人，10年から15年未満が7人，15年以上20年未満が3人，20年以上が6人であり，10年以上の長期滞在者が多い。夫と知り合った場所は，日本が12人（留学や仕事のための滞在中），海外が8人（留学・旅行先4人，あるいは出身国4人）である。結婚期間は，5年未満が3人，5年以上10年未

1．調査の概要　115

表7　調査参加者の属性　－欧米出身者

事例	⑪	⑫	⑬	⑭	⑮	⑯	⑰	⑱	⑲	⑳
年齢	30代	30代	40代	50代	40代	50代	40代	40代	30代	40代
職業	専門職	主婦(講師)	専門職	語学講師	専門職	自由業	語学講師	語学講師	専門職	教員
仕事形態	フルタイム	パート	パート	パート	パート	パート	パート	パート	フルタイム	フルタイム
教育レベル	大学院修了	大卒	大卒	大卒	大卒	高卒	大卒	大学院修了	大学院修了	大卒
滞在期間	10年以上	10年未満	15年以上	25年以上	15年未満	20年以上	10年以上	10年以上	10年以上	10年以上
結婚期間	10年未満	5年以上	15年以上	25年以上	15年以上	20年以上	15年以上	10年未満	10年未満	10年以上
滞在予定	未定	帰国予定	永住	永住	未定	永住	（永住）	（永住）	永住	永住
帰国	年1～2回	年1～2回	年1回	/	年1回	最近なし	年1回	年1回	年1回	年1回
宗教	キリスト教	キリスト教	キリスト教	キリスト教	キリスト教	キリスト教	/	仏教	なし	なし
日本語力	4	2	5	4	5	3	5	5	5	5
子どもの数	2人	1人	1人	1人	1人	2人	2人	3人	0	0
子どもの学校	小学校/幼	幼稚園	小学校	大学	小学校	成人/高校	中学校/小学校	小学校/幼/保	－	－
子どもの国籍	二重	二重	二重	日本	日本	日本	日本	二重	－	－
夫の年齢	40代	30代	50代	50代	40代	50代	50代	40代	40代	50代
夫の職業	教員	会社員	公務員	会社員	専門職	専門職	教員	自由業	自由業	公務員
夫の学歴	大学院修了	大卒	大卒	大卒	大卒	大卒	大学院修了	（大卒）	大学院修了	大卒
夫の宗教	キリスト教	なし	なし	なし	神道	仏教	なし	なし	なし	なし
家庭の主言語	英語	英語	日本語	日本語	日本語	日本語	日本語	日本語	日本語	日本語

注1）「日本語力」は5段階評定：「5」が最高で「1」が最低，「3」が日常会話レベル
　2）「子どもの学校」欄の幼＝幼稚園，保＝保育所
　3）（　）は推定，/は未回答，－は未質問

満が5人，10年以上15年未満が2人，15年以上20年未満が6人，20年以上が4人で，過半数が10年以上である[6]。日本滞在年数と結婚年数が必ずしも一致しないのは，結婚前に仕事や勉学のために日本に滞在していたり，結婚後，夫の仕事等のために海外に滞在していることによる。国籍については，日本国籍取得者はアジア出身の1人だけで，残りは配偶者ビザか永住ビザによる滞在である。日本での永住に関しては，永住予定の人が大半だが，なかには，今後（老

116　第6章　異文化間結婚者の異文化適応と精神的健康

後），出身国への帰国を考慮している人もいる。宗教については，約半数がキリスト教だが，「なし」と答えた人が3割いる。日本語の能力を5段階で評価（面接者による総合的な判断）すると，「5」が9人，「4」が6人，「3」が3人，「2」が2人で，大部分が面接を日本語で実施するのに支障のないレベルである。

　配偶者（日本人男性）の年齢は30代から60代（大半が40代〜50代）だが，全体的に妻が年下で，さらに年齢差の大きい組み合わせが目立つ（15歳以上の年齢差が約3割：アジア出身4人，欧米出身2人）。夫の職業は，会社員，公務員，教員，専門職，職人，自由業，主夫など多岐にわたる。教育レベルは，高卒から大学院までだが，専門学校・短大・大卒以上がほとんどである。なお，夫婦の教育レベルが同じ場合が12組，夫の方が高い場合が3組（アジア出身1組，欧米出身2組），妻の方が高い場合が4組（アジア出身3組，欧米出身1組），不明1組（アジア出身）である。宗教については，特にない場合が大半である。言語に関しては，欧米出身の妻をもつ夫のほとんどは英語（程度はさまざま）を話すが，英語以外の妻の母語も話す人は2人だけである。アジア出身の妻をもつ夫の場合には，妻の母語を話せる人が4人，英語を話せる人が4人いるが，日本語しか話せない人も3人いる。

　子どもの年齢は1歳から成人までさまざまである。特徴的なのは，日本生まれ，日本国籍（妻の出身国の法律との関連もある），日本の公立の幼稚園・学校に在籍し，日本語を第一言語として成長している子どもが多いことである。また，家庭の主言語が日本語，あるいは，日本語のみである家庭がほとんどである。

2．異文化出身の妻の適応と精神的健康

　異文化出身の妻の適応や精神的健康を明らかにするために，異文化出身の妻の日本人男性との結婚に対する評価，全般的な生活および結婚生活への評価（満足度），心配事・不安・悩み（有無と内容），友人関係についてとりあげる。

2.1　日本人男性との結婚についての評価

　日本人男性との結婚についての異文化出身の妻の評価を肯定的な場合と否定

的な場合に分類し検討する。

(1) 肯定的な場合

　日本人男性との結婚を肯定的に評価しているのは10人（事例①⑦⑧⑩⑪⑬⑭⑰⑲⑳）だった。まず，日本人男性と結婚したというよりも，夫を個人として評価している場合である（事例①⑦⑰⑲）。たとえば，「主人は日本人というよりは，クリスチャンだと思っている。だから，私の結婚がよかったと思う理由はクリスチャンと結婚できたからで，日本人ということとは関係ない」（事例①）である。また，夫の人柄（人間としてのやさしさ，思いやり）などのために日本人男性との結婚を肯定的に評価している場合もある（事例⑧⑩⑭）。具体的には，「よかったと思う。やさしい人なので。それに，××国（母国）のことも知っていて，気持ちをわかってくれる」（事例⑧）や「人間としてやさしい。社会や人間に関して，深い人間と思った。××国人の性格を知っているし……」（事例⑭）などである。また，他の人とは結婚したことがないので比較ができないと述べながらも日本人の夫（人柄）を肯定的に評価している人もいた（事例⑪⑬⑳）。

　日本人男性との結婚を肯定的に評価している異文化出身の妻は夫をひとりの人間として評価していることがわかる。また，夫が妻の母国（文化など）について理解しているという妻の認識は妻の気持ちに肯定的に作用している。

(2) 否定的な場合

　日本人男性との結婚を否定的に評価している人は8人（事例②③⑤⑥⑨⑫⑮⑱）である。

　その理由のひとつとして，男女平等，家庭生活（例：家事の分担）などについての価値観の違いがあげられた（事例⑤⑥⑨）。たとえば，次のような事例である。

第6章 異文化間結婚者の異文化適応と精神的健康

事例⑤

「日本人との結婚は想像していたより難しかった。(中略) ××国 (母国) の男性と女性は同等 (equal)。まったく違う世界。(中略) ××国の女性はとても平等なのでとても難しかった。(中略) 一番難しいのは価値観です。夫は平等のように見えるけれど、本当はそうではない。女性は主婦でなければならないという伝統的な考えです。でも私はそうではない。(中略) [夫は] 本当は、女性が夫に従うという感じなの。」([ ] は筆者による)

事例⑤は、母国では、「男女は平等」という価値観の下に育っている。留学先のイギリスで、留学生だった夫と知り合った当時は、お互いに平等だった。その後、結婚し、日本に来たら、夫が変化してしまったという。夫は「男女は平等」ということを表面的には理解しているように見えるが、本質的には伝統的な価値観 (男性優位、女性は男性に従う) をもっているので事例⑤の考え方とは相容れない。欧米での生活が長い日本人男性は一見西欧化したように見えるが、日本に帰国すると日本的な行動様式に戻ることはよく知られているが、妻は夫の豹変を理解できずに、夫婦間の大きな問題になりやすい (今村, 1994; 鈴木, 2000a)。

そのほか、日本人の夫には、妻に対する理解、愛情や思いやりがないと感じているため否定的に評価している人もいる (事例②③⑬)。たとえば、事例⑬は「日本人と結婚しなければよかったと思うのはやさしさがないこと。××人 (母国) の男だったら、もう少しやさしいかなって思う。」と述べている。母国の男性と比較し日本人男性 (夫) が妻に対してやさしくないことを嘆いている。また、日本社会が仕事中心であるために、日本人の男性との結婚を幸せに感じられない場合 (事例⑫) や夫の両親から独立した自分たちだけの生活を築くことが難しい場合 (事例⑮) もあった。

なお、肯定的でも否定的でもない人が2人いた (事例④⑯)。

2.2 全般的な生活への満足度

異文化出身の妻たちは、現在の全般的な生活 (結婚生活を含む) をどのように評価しているのだろうか。外国人の妻たちの語りは、全体的に満足している

場合，全体的に不満な場合，どちらでもない場合に整理することができる。

　まず，自分自身が置かれている状況について多少の不満があっても全体的に満足しているのは事例①②⑤⑦⑧⑩⑪⑬⑭⑮⑯⑳の12人（60％）である。経済，仕事，家族関係に問題がなく，異文化出身の妻が比較的思ったように生活できる状況が存在していることがその理由のようだ。

　それに対して，現在の全体的な状況に満足していないのは，事例⑫⑰⑱の3人である。事例⑫はサポートもなくひとりで子ども（幼児）を育てていること，事例⑰は夫が仕事で過労死寸前の生活をしていること（日本社会の仕事の仕方への不満），事例⑱は夫婦関係を理由としてあげている。これらの妻たちは3人とも欧米出身である。

　また，どちらでもない人が5人いた（事例③④⑥⑨⑲）。

2.3　心配事，不安，悩み

　大きな心配事，不安，悩みがないのは事例①⑥⑦⑧⑩⑬⑮⑳の8人（40％）である。そのうち，アジア出身の妻が5人で，アジア人妻の半数に当たる。

　それに対し，12人（60％）がなんらかの心配事，不安，悩みをあげているが，そのうち，7人が欧米出身の妻である。事例②（仕事や住居），事例③（夫の元の彼女の出現，夫が年を取っているので，子どもの教育ができるかどうか），事例④（夫が主夫なので一家の稼ぎ手としていつまで家族を支えられるか），事例⑤（夫とのコミュニケーションの難しさ），事例⑨（将来のこと），事例⑪（子どもへの対応，人の話の上手な聞き方，時間の不足，義務的なシステムとしてのPTAへの不安），事例⑫（幼稚園で日本語で100％表現できないことやお母さんたちに無視されること），事例⑭（お金と夫の健康），事例⑯（夫の死後のこと，老後のお金と子どものこと），事例⑰（自身の健康），事例⑱（夫が亡くなった後の住居や経済的な事柄），事例⑳（夫が過労で倒れること）である。日本人の夫にかかわる心配事が多い。夫の健康や亡くなった後の心配や不安（経済的な事柄）も目立った（事例⑭⑯⑱）。母国を離れた異文化出身の妻にとって，夫は，物理的にも精神的にも唯一の支えだからであろう。なお，アジア出身の妻よりも欧米出身の妻に心配事等が多い理由は，日本とアジア諸国に比べ，日本と欧米諸国の方が文化的距離が大きいことによるものかもしれないが，今

後さらに検討する必要があるだろう。

2.4　友人関係

悩みや心配事，さまざまな問題が生じたときに，友人の存在は重要である。悩み等を友人に話したり，相談することによって問題を解決したり，精神的な健康を保つことが可能になるからである。

本調査のほとんどの異文化出身の妻は悩みを話せる友人をもっていた。そのような友人とは，主に，仕事，子ども，過去や現在の所属組織（大学・高校，教会，日本語教室，「外国人の妻の会」）を通じて知り合っている。また，ほとんどが同国人，あるいは日本人の友人をもち，過半数には，同国人と日本人の両方の友人がいる。

ところで，最近は通信技術等の発達により，母国にいる友人たちと電話やEメールを用いて簡単にコミュニケーションがとれるようになったために，友人の中には母国にいる友人も含まれている。電話やEメールによるコミュニケーションは異文化出身の妻たちの精神的な健康の維持に役立っている。

3．困難や問題

異文化出身の妻たちが感じている，結婚生活のなかで大変なこと（大変だったこと）や日本での生活なかで難しいこと（難しかったこと）などについてとりあげる。

まず，滞在期間が短い妻や正式に日本語・日本文化を学習したことのない妻の場合には，日本語に関する事柄（言葉が理解できない，表現が理解できない，学校のお知らせを理解できない，など）（事例②⑧⑩）や生活や生活習慣に関する事柄（料理，畳の生活など：事例①④）があげられたが，それ以外の問題（困難）を整理すると次のようになる。

3.1　日本社会の問題
（1）　妻や母親としての役割が強調され，個人として認知してもらえない

夫か子どもとの関係のなかでしか自分を認めてもらえないためにアイデン

3. 困難や問題　121

ティティを失いそうになる問題である。たとえば，「自分の名前を使う機会が少なく（特に仕事をしていない場合），○○の奥さん（近所付合い），○○のママ（学校や母親間）と呼ばれ自分がない」（事例①⑤）である。また，妻や母としていろいろな役割を期待され，集団的プレッシャーを感じている場合もある（事例⑮など）。

（2）　出身国・性別による差別がある

「アジア出身の外国人女性についてお金のために日本にいるという誤解がある。アメリカとかヨーロッパ出身で白人だとだれでも神様みたいな扱いを受ける」（事例⑨），「××国の大学を卒業していることや仕事上の能力を認めてくれない」（事例④），「日本の男性の頭の中には，女性だから下，外国人だから下，日本にいる××人（女性）は水商売が多いから低いというステレオタイプがある」（事例①）などである。

（3）　プライベートな生活が尊重されてない（仕事中心社会）

「仕事についての考え方は西洋と日本の最も大きな違い。日本では仕事が大切で家庭を無視している。仕事のプレッシャーが大きいので子どもが病気になっても夫には関係ないことで女性が全部やらなくてはならない」（事例⑮），「オンとオフの切り替えがなく休むという概念があまりない」（事例⑲）などである。

（4）　そ の 他

「日本の会社では規則も仕事の範囲もはっきりしていない。また，直接言わないで，プレッシャーをかける（例：有給休暇の権利があってもとれない）」（事例⑮），「日本は画一的で，必要のないことでストレスの多い社会」（事例⑨⑮），「日本は人間を大切にしない，人間に対してやさしい社会ではない。人間が社会のために生きている」（事例⑭），「日本の男性は仕事ばかりしているが，社会的に他の選択肢がない」（事例⑫），「他人が困っていても関心がない（例：乳母車で電車に乗る時に手伝ってくれない）」（事例⑮⑱）などである。

異文化出身の妻があげた日本の社会に関する主な問題は、「妻や母親としての役割が強調され、個人としては認知されない」「出身国・性別による差別がある」「プライベートな生活が尊重されていない」だった。日本人男性と結婚した異文化出身の妻には、日本社会の男性優位・女性蔑視、アジア蔑視、仕事中心、画一性などが強く認識されており、ストレスの大きな原因となっている。また、特徴的なのは、女性蔑視やアジア蔑視については主にアジア出身の妻、仕事中心社会については主に欧米出身の妻によって指摘されていることである。

3.2 夫婦や家庭の問題
（1）夫が家事を分担しない

「夫が家事に協力しない」（事例⑳）、「家事は夫婦二人でやるべきもので、女性は家事をするために生れてきたわけではない」（事例⑤⑲）、「パートナーに対する意識の違い。中国は家事の分担はする。共働きなので分担しなければやっていけないし、専業主婦はいない」（事例⑥）、「ヨーロッパの男は家で手伝うのに夫は家のことをしたくない（私が全部し、夫に従う）。最初はしたがしなくなった。また、家族の頭は父親なので（経済のことではない）何かを相談するのも決めるのも父親で家族のためにいろいろやる。家族を守る」（事例⑭）、「最初は買い物も料理もしてくれたが、子どもが生れたらあまりしなくなった。家事を手伝って欲しい」（事例⑬）、などである。

（2）妻や家族とともに楽しく生活しようと努力しない

「夫は仕事で疲れているので、家でごろごろしている」（事例⑭）、「夫が妻を自分の召使のように扱う。機嫌が悪い時に、ボスの口をきく」（事例⑱）、「子どもが生れると夫婦ということが日本人の頭のなかから消えてしまう（例：夫が妻や家族を置いて友人と飲みに行く）のはさびしい」（事例⑬）、「愛情を言葉で表現してくれないので、自分のことはもうどうでもよいのかと思うことがある。日本人の男は年取るとそうなる。歩くときも別々に歩く」（事例⑯）など。

夫婦や家族の問題として主にあげられたのは、「夫が家事を分担しない」と

「妻や家族とともに楽しく生活しようと努力しない」だった（後者は特に欧米出身の妻による）。興味深いのは，結婚当初は家事を分担したり妻や家族のために努力していても，子どもが生れたり（事例⑬⑯），長く結婚生活を続けている（事例⑭）と，時間とともに，日本社会のなかで日本人男性がだんだんとそれらをしない方向に変化していくことである。それは異文化出身の妻たちの大きな悩みになっている。

3.3　子どもの養育・教育に関する問題
（1）　日本の学校（幼稚園）や教育内容の問題

「画一的で，創造的な考え方をサポートしていない（みんな同じ）」（事例①），「プリスクール（幼稚園）の教育の内容（スポーツと行事などが多い）」（事例⑫），「1クラスの人数の多さ」（事例⑰），「日本の教育には生きるうえでの指針がない」（事例⑤）。

（2）　子どもの日本語（国語）の習得および母親の日本語能力等の限界

「子どもが国語（日本語，漢字）を学習できるか」（事例③④），「子どもの質問に日本人の立場で答えるのが難しい（特に，歴史）」（事例④），「言葉が不十分なのでPTAの話の内容や学校からのお知らせの理解が難しかった」（事例⑧）。

（3）　母親が外国人であることや子どもが日系国際児であることに関連して生じる問題

「同級生から"ハーフなの"と聞かれたときの子どもへの対応（小学校1年）」（事例④⑨），「公園で子どもが私（母親）に英語で話しかけるとたたく子がいた」（事例⑪），「日本人のお母さんたちのなかに外国人の母親を見てびっくりし戸惑う人がいること」（事例⑮），「子どもと二人で歩くと子どもが外国人と言われる」（事例⑮），「子どもの問題（例：他の子からからかわれる）への日本的な対処の仕方がわからない」（事例⑱），「母親も子どもも日本人同士で固まっていて仲間に入れてくれない（例：子どもが小さい時，近所の公園での遊びの中に入れてくれなかった）。同じスポーツクラブのなかの子どものお誕生日に

呼ばれない」(事例⑭),「日本人の母親たちが自分の子どもをバイリンガルにしようとして近寄ってくる(幼稚園)」(事例⑫),「二つの文化の間でどのような教育を受けさせるかの問題(両文化の継承の問題)」(事例⑤),など。

(4) 子どもの養育・教育についての夫との意見の相違 －特にしつけの厳しさの程度

子どもにどのような場合にどの程度自由を認めるか(事例④⑤⑪⑮⑱)。

(5) 子どもの発達や(問題)行動

「不登校・退学」(事例②⑯),「幼児期の消極性」(事例⑮),「他の子どもを噛むこと」(事例⑫),「思春期の子どもの理解」(事例⑰)である。

子どもの年齢はさまざまだが(第一子については,事例③④⑪⑫⑱は乳幼児,事例①④⑤⑥⑪⑬⑮⑰⑱は学齢期,事例②⑧⑨⑯は高校生,事例②⑦⑩⑭⑯大学生以上),子どもの養育・教育に関する問題として,「日本の学校(幼稚園)や教育内容の問題」「子どもの日本語(国語)の習得および母親の日本語能力等の限界」「母親が外国人であることや子どもが日系国際児であることに関連して生じる問題」「子どもの養育・教育についての夫との意見の相違」「子どもの発達や(問題)行動」があげられた。最も多かったのは,「母親が外国人であることや日系国際児であることに関連して生じる問題」だった。外国人の母親とその子どもが周囲の日本人から容易に受け入れられていない状況があることがわかる。特に幼児期や学齢期に問題が多く見られた。このような問題は子どもや母親のストレスの大きな原因になっている。「子どもの養育・教育についての夫との意見の相違」は国際結婚家庭特有の問題ではないが,日本人の夫と出身文化の異なる外国人の妻との間ではより違いが生じやすいと考えられる。しかしながら,夫のなかには妻にすべて任せている人もいる(事例②③)。「日本の学校(幼稚園)や教育内容の問題」は,アジア系の母親と欧米系の母親の両方からあげられている。学校(幼稚園)や教育内容は,欧米で教育を受けた外国人の母親からはよく指摘される問題である(鈴木,1998;高橋,2003)。「子どもの日本語(国語)の習得および母親の日本語能力等の限界」はアジ

出身の母親があげている。事例⑧は、そのような状況を他の母親からの支援や夫の協力によって解決しているが、支援が得られない場合には問題の解決は難しくなる。「子どもの発達や（問題）行動」は、子どもが国際児であることに起因する場合もあるが、国際児に特別な問題とは限らない。異文化出身の母親は、子どもの発達にともなう問題と国際児であることによる問題の両方に対処していかなければならず、より困難な状況に置かれることになる。日本には、国際児のこのような問題に対応できる専門家がほとんどいない。

4．事例の検討と支援

　日本人男性との結婚後に対する評価（気持ち）と日本の生活に対する全体的な評価（満足度）の両方に否定的だった事例⑫、および日本人男性との結婚には否定的だが全体的な生活についてはどちらとも言えなかった事例③と事例⑨をとりあげ、支援について考える。各事例の内容については、本質に影響を与えない範囲で一部修正を加えている。括弧内は著者による加筆である。また、母国（出身国）については、××国で示した。

事例③
[30代、アジア出身、主婦、結婚後約3年、言語（母語、日本語可、英語可）、高卒、元キリスト教（現在なし）、家族の言語は日本語、乳児1人、永住予定]
　タレントとして仕事をしていたクラブで、客として来た20歳近く年の離れた夫（職人、高卒）と知り合い、その1ヶ月後に望まれて結婚する。当時、夫は「やさしかった」という。結婚についてはどちらの家族からも特に反対はなかった。結婚後は東京郊外に住んだが家族や友達に囲まれた××国でのにぎやかな生活に比べて「寂しかった。静かで友だちがいなかった」と語っている。子どもが生れたときは嬉しかった。しかし、夫は仕事で忙しく、たまに家にいる時でもごろごろテレビをみているだけで、何か一緒にすることはあまりない（話もしない）。物価が高く、夫の収入が不安定なので家計のやりくりが大変だという。××国ならばみんな一緒に暮らしているので手伝ってもらえるが子育ても家事もすべてひとりでやらなければならないので負担を感じている。また、

夫がかなり年上なので将来の子どもの教育についても不安があり，夫の前の彼女（日本人）が現れるのではないかという心配もかかえている。近所にいる夫の親族とは交流はあるが，主な友人は昔の仕事仲間の××人である。しかし，遠方にいるので電話で話をする。ときどきは夫のことなど悩みも話す。××国のことはよく思い出すという。結婚後1度しか××国に戻っていない。1ヶ月に5回ぐらい××国に電話をかけておりホームシックになっている。

　いわゆる「出稼ぎ」のために来日し，日本人男性（客）と結婚した事例である。結婚3年で日本語も十分とは言えない。幼い子どもの育児や家事をひとりでこなさなければならないことに大きな負担を感じている。大勢が一緒に生活し，お互いに助け合う母国での状況と大きく異なる日本の生活にうまく適応できないでいる。夫との関係もよいとは言えない。また，夫との年齢差のために，子どもをかかえ将来に大きな不安がある。

事例⑨
［40代，アジア出身，語学講師（非常勤），結婚後約20年，言語（母語，日本語堪能，英語堪能），大学院修了，ヒンドゥ教，高校生1人，家族の言語は日本語（主）と英語，永住予定］
　日本が好きでスカラーシップを得て日本の大学に留学する。留学中に会社員（大卒）の夫と知り合う。夫との年齢差が気になったがやさしい人だったし（現在はそうは思っていない），留学生で寂しい生活をしていたので結婚した。どちらの家族からも大きな反対はなかった。結婚後は都内で夫の母親（現在は他界）と同居したがうまくいかず（精神的にかなり消耗した），その後，東京近郊に転居し，子どもが生れる。夫は年上にもかかわらず，家のことは妻に任せっきりで，家族に責任をもたないので不満があるが，夫にはもう期待をしないことにしている。夫が病気になり面倒を見なければならない状態が怖いが将来のことを考えないようにしている。最近，日本の魅力がどこにあるのかわからなくなってきているが，××国に戻っても（1年に1回）昔の××国ではなく，居心地の悪いこともある。「無国籍みたいになっちゃって。どこに行っても幸せになれない。不幸せな者になってしまった」と語っている。また，年をとっ

てきたせいか，××国（家族，友達，社会）について考えることがよくあるという。友人は欧米人で悩み等も話したりする。

　留学のために来日し日本人男性と知り合い結婚し，長期にわたり結婚生活を継続している事例である。日本語は堪能で教育レベルも高い。夫が家族や家庭生活を大切にしないことが大きな問題であり，夫婦関係もよいとは言えない。夫がかなり年上のため将来の日本での生活に不安もある。日本でも母国でも「精神的な居場所[7]」(鈴木，2006) を見つけられないでいる。

事例⑫

［30代，英語圏出身，主婦／英語の個人教授，結婚後約4年，言語（英語，日本語可），大卒，幼児1人，キリスト教，家族の言語は英語（主）と日本語］

　日本に興味がありワーキングホリデイビザで来日し言語学校で英語を教える。その間，知人の紹介で夫（30代，会社員，大卒）と知り合い結婚。親から大きな反対はなかった。東京近郊に住んだが，近所では，当初じろじろと見られた。子どもが生れ，夫との関係はよいが，夫が仕事中心なので結婚生活は幸せではない。また，子育てのサポートがなく，ひとりで小さな子どもを育てていくことが肉体的にも精神的にも負担である。日本語が不十分なために幼稚園で言いたいことを表現できないことや仕事中心の日本社会に不満がある。夫の親族（遠方）との関係は良いし，欧米人の友人もいる。年に1～2回帰国しており，将来は××国に住む予定である。

　日本で語学教師として働いている時に知り合った日本人男性と結婚し，結婚4年の事例である。日本語が十分でないことにストレスがある。夫が仕事中心なので結婚生活に幸福感はないが日本社会のシステムのせいと理解しているので夫婦関係には問題がない。現在，子どもの育児が最大の課題である。特に，日本には母親の子育てを支援するシステムがなく，幼い子どもを自分ひとりで育てていかなければならないことに困難を感じている。

　上記の3事例は，結婚年数，日本語能力，出身国などは異なっているが，適応や精神的健康に関連する問題を抱えていることが推察される。次に，上記の

事例を中心に，異文化出身の妻に特徴的な問題を整理し，その支援について考えてみたい。

まず，異文化出身の母親がサポート（夫を含む）のないなかで，ひとりで子育てをしなければならないことに大きなストレスを感じていることがあげられる（事例③⑫）。アジア圏では周囲の助け合い，欧米諸国ではサポートシステムの存在というように，母親の子育てを日常的に援助する習慣，あるいはシステムがある。最近は，日本でも，子育て支援に関心が集まるようになったが，その際，日本人男性と結婚した異文化出身の妻（母親）も視野にいれた子育て支援システム（地域社会の支援，母親同士の互助など）を整備する必要があるだろう。

次に，年の離れた日本人男性と結婚した異文化出身の妻がかかえる夫の死後の生活への不安・心配があげられる（事例③⑨）。これは，将来的には，異文化出身の妻の高齢化にともなう介護の問題にもつながっていく。今後，日本人男性と結婚する異文化出身女性のさらなる増加が推察されるが，日本社会のなかで高齢化していく異文化出身の妻への物理的・精神的支援について考慮することが望まれる。

また，異文化出身の妻たちのなかには，程度に差はあっても，日本語が不十分なことによるストレス（事例⑫）や日本人男性や日本社会の固有性のために心理的な問題（事例③⑨）をかかえている人たちがいる。地方自治体には，外国人の日本語学習支援のためのボランティアによる日本語教室があるが，日本語だけではなく，日本に定住する可能性の高い，異文化出身の妻のこころのケアーも視野にいれた支援システムも整備していく必要があるように思われる。そのためには，異文化間カウンセリングや異文化間ソーシャルワーク（石河，2000）などの専門家の育成も必要であろう。

なお，日本人男性と結婚した異文化出身の妻がかかえる問題の背景には，日本社会自体の問題がある（仕事中心，伝統的な性役割観，など）。したがって，日本社会の構造的な変化も必要不可欠であろう。

5. まとめ

　本章では，日本人男性と結婚した異文化出身の妻の適応や精神的健康について明らかにするとともに，外国人の妻がかかえる問題を把握するために，東京およびその近郊在住で日本人男性と結婚している異文化出身の女性（妻）20人（アジア出身者10人，欧米出身者10人）を対象に半構造化面接を実施した。
　その結果，次の事柄が明らかになった。
　1) 日本人男性との結婚については，異文化出身の妻の半分は肯定的だったが，4割は否定的に評価していた。肯定的な場合には，夫の人柄，否定的な場合には，男女平等や家事の分担などについての夫婦間の考え方（価値観）の違いや夫の人柄がその理由としてあげられた。
　2) 全体的な状況については，異文化出身の妻の過半数が満足しており，1/4はどちらでもなかった。満足していないのは欧米出身の3人の妻だけだった。サポートのない孤独な子育て，仕事中心の生活，および，夫婦関係がその理由だった。
　3) 異文化出身の妻の6割（うち過半数が欧米出身の妻）にはなんらかの心配事，不安，悩みがあった。夫にかかわる事柄（健康への心配や夫の死後の生活への不安）が目立った。しかし，4割の妻には大きな心配事，不安，悩みはなかった。また，ほとんどの妻は多少とも悩みを話せる友人をもっていた。
　4) 結婚生活や日本での生活のなかでの問題（困難）については，結婚初期（日本滞在初期）の日本語や生活習慣に関する困難のほか，日本社会，夫婦や家庭，および子どもの養育・教育に関する問題があげられた。
　5) 日本社会の問題は，男性優位・女性蔑視，アジア蔑視，仕事中心，画一性などであり，異文化出身の妻のストレスの大きな原因になっていた。特に，アジア出身の妻は女性蔑視やアジア蔑視，欧米出身の妻は仕事中心社会を問題としていた。
　6) 夫婦や家庭の問題は，「夫が家事を分担しないこと」と「夫が妻や家族とともに楽しく生活しようと努力しないこと」だった。後者は，特に，欧米出身の妻によってあげられた。夫が時間とともに日本化し家庭生活に参加しなく

なることも問題として指摘された。

　7）子どもの養育・教育について，最も多くあげられたのは，「母親が外国人であることや子どもが日系国際児であることに関連して生じる問題」だった。特に，幼児期や学齢期に多く見られ，母親のストレスの原因になっていた。そのほかにも，「日本の学校（幼稚園）や教育内容の問題」「子どもの日本語（国語）の習得および母親の日本語能力等の限界」「子どもの養育・教育についての夫との意見の相違」「子どもの発達や（問題）行動」があげられた。

　8）地域社会を中心とする異文化出身の母親をも視野にいれた子育て支援システム，今後高齢化する異文化出身の妻たちを支援するシステム，発達障害や問題行動のある日系国際児を支援するシステムなどの整備や異文化間カウンセリングや異文化間ソーシャルワークの専門家の養成などの必要性があげられた。なお，これらのサポート以外に，極端な仕事中心社会である日本社会が構造的に変化する必要性も指摘された。

　最後に，本研究の問題点や今後の課題について言及する。

　まず，今村・高橋（2003）も指摘しているように，日本人男性と結婚した異文化出身の妻を対象とした研究においては，調査参加者の獲得が困難なために一定の組織（幼稚園，教会など）を媒介として調査を実施することが多く，調査対象者には初めから偏りがある。また，調査には，比較的安定した状態にある人が参加しやすいことも知られている。本研究の場合は，組織を媒介としていないが，国籍の多様性や事例数からも，本調査結果を単純に一般化することはできない。今後，事例数を増やすことなどによって，本研究によって得られた知見をさらに明確にしてく必要性があるだろう。

　また，調査参加者の言語力と調査者の言語力との関係で参加者が必然的に限定されてしまう問題があげられる。すなわち，調査参加者は，日本語がある程度可能か，あるいは，調査者が可能な言語でコミュニケーションができる人に限られてしまう。その他の言語しか話せない人は調査対象から除外されてしまうことになる。したがって，今後，複数の言語の使用を念頭に置いた研究チームによる調査も望まれる。たとえば，各国出身の社会福祉関係者やカウンセラーなどとの連携による調査も有効であろう。

〈注〉
1) 子どものいる人を確保するための追加調査において，欧米出身で離婚した人が1人いたが，離婚後10年以上経過していたため本研究からは除外した。
2) 日本人男性と結婚した異文化出身の妻から面接の承諾を得ることは予想していたよりも困難だった。夫の同意が得られないこと，面接者が使用できる言語に限りがあること，長時間にわたる面接などの理由による。
3) 著者は，1990年代初頭より，インドネシア（バリ州）で，インドネシア人男性と外国人女性（特に，日本人女性）の夫婦とその子ども（国際児）からなる国際結婚家族（国際家族）を対象に適応や文化的アイデンティティについての継続的なフィールド調査を実施している。本研究では，質問内容の作成にあたって，その知見を活用した。
4) 調査者（著者）は，英語とドイツ語に関しては十分な会話が可能であり，インドネシア語については日常会話が可能である。なお，一部の面接については，研究補助者（英語が可能）の協力を得た。
5) 面接時間の不足のために，面接内容の一部をメールで返送してもらった調査参加者が1人いた。
6) 欧米出身の妻の場合には，結婚前から同居している人もいた。その場合，同居期間も結婚年数に含めた。
7)「居場所」（自分らしく生き生きとしていられる場所）には,「実際的な居場所」と「精神的な居場所」があり，文化間移動への肯定的な評価には，少なくてもどちらか一方が必要であることが示唆されている（本書第4章参照）。

〈引用文献〉
今村和弘 (1994). 国際結婚と意識の変容 現代のエスプリ 322（異文化接触と日本人）至文堂 pp. 108-117.
今村祐子・高橋道子 (2003). 外国人母親の精神的健康に育児ストレスとソーシャルサポートが与える影響 －日本人母親との比較 東京学芸大学紀要1部門, 55, 53-64.
石河久美子 (2003). 異文化間ソーシャルワーク 川島書店
国際結婚を考える会 (2007). 国際結婚ハンドブック第5版 明石書店
鈴木一代 (1998). 国際児の学校選択と言語習得 －日本-インドネシア国際家族，ドイツ語圏-インドネシア国際家族，英語圏-インドネシア国際家族の比較 東和大学紀要, 24, 209-222.
鈴木一代 (2000a). 国際結婚と日本人 詫摩武俊・鈴木乙史・清水弘司・松井 豊（編）性格の変容と文化 ブレーン出版 pp. 229-242.
鈴木一代 (2000b). 国際結婚女性の再社会化についての研究 －バリ島の日本人，ドイツ語圏出身者，英語圏出身者 東和大学紀要第, 26, 189-198.
鈴木一代 (2003). 国際結婚者の国籍変更と文化的アイデンティティ 埼玉学園大学紀要（人間学部篇）, 3, 1-12.
鈴木一代 (2006). 文化移動と文化的アイデンティティ －異文化間結婚の場合 埼玉学園大学紀要（人間学部篇）, 6, 83-96.
高橋順子 (2003). 多文化社会における国際児 聖徳大学児童学研究所「児童学研究 －

聖徳大学児童学研究所紀要」, **5**, 39-50.
竹下修子 (2000). 国際結婚の社会学　学文社

第7章

異文化間結婚外国人女性の文化的アイデンティティと言語・文化の継承

　本章では，日本人男性と結婚し，夫の出身国である日本（都市部）に，長期にわたり居住している外国人女性を対象に，居住地である日本および出身地である母国に対する気持ちを中心にとりあげ，文化的アイデンティティ，さらに，子どもへの言語・文化の継承について明らかにする。第1節では，調査の概要について説明する。第2節では，日本在住の異文化間結婚外国人女性の文化的アイデンティティ，第3節では，異文化間結婚の母親の視点から，日系国際児（日本人の親と外国人の親をもつ子ども）への言語・文化の継承をとりあげる。そして，第4節でまとめをおこなう。

1．調査の概要

1）調査参加者

　東京近郊在住で，日本人男性と結婚した，外国人女性20人[1)2)]のうち，日本居住期間および婚姻期間の両方が10年以上で，子どもがいる10人である（40代から50代）。内訳は，アジア出身者（A）5人（インド，インドネシア，韓国，台湾，フィリピン）とヨーロッパ出身者（E）5人（イタリア，ドイツ，ポーランド，フィンランド，東欧X国）[3)]である。

2）調査期間・場所

　調査は2007年に実施された。所要時間は，1人につき約1時間30分から約5時間30分である。調査場所は，首都圏（東京，神奈川，千葉，埼玉）で，調査参加者の自宅，カフェ，レストランなどである。

3）調査方法

個人面接法（半構造化面接）である。鈴木（2000, 2003, など）を基に，先行研究も参考にし，質問項目（ガイドライン）を作成し，ガイドラインにそって，面接を実施した。主な内容は，調査参加者の属性，結婚に至る経緯，夫婦関係，子どもの養育・教育，日本および母国への気持ちに関連した事柄，全般的な満足度，困難な事柄（過去と現在），心配な事柄などであるが，本研究では，そのうちの一部を使用した。使用言語は，原則として，調査参加者の希望によるが，日本語が6人，主に日本語で一部他言語（英語，調査参加者の母語）が4人である[4]。面接および外国語から日本語への翻訳は調査者（著者）および研究補助者がおこなった。

4）結果の処理・分析

主にKJ法に準じる方法等を用い，質的な分析をおこなった。

調査参加者の属性（概要）

外国人の妻（母親）を中心に，日本人の夫，および子ども（日系国際児）の属性は次のようになる。

1）外国人妻（母親）

40代が7人，50代が3人で，出身国国籍が8人，日本国籍（国籍変更者）が2人である。日本滞在期間は，11年～33年［11～15年（3人），16～20年（3人）21～25年（2人），26年以上（2人）］，結婚年数は11年～33年［11～15年（3人），16～20年（4人），21～25年（1人），26年以上（2人）］である。全員が有職者（非常勤）で，教育レベルは，大学院が2人，大学が5人，大学中退が1人，高校が2人である。日本語レベルは，5が5人，4が4人，3が1人（面接者による5段階評定で最高は5）。全員が母国への一時帰国をしている（ほぼ年に1回以上）。

2）日本人の夫

40代が2人，50代が6人，60代が1人，未回答1人である。職業は，専門職5人，会社員・公務員4人，自由業1人で，教育レベルは，大学院2人，大学6人，専門学校1人，高校1人である。

3）子ども

子どもの数は，1人が7人，2人が2人，3人が1人である。全員日本の学校に在籍している。第1子に関しては，小学生3人，中学生1人，高校生3人，大学生1人，成人2人，また，国籍は日本が9人，二重国籍が1人である。

2．日本人と結婚した外国人女性の文化的アイデンティティ

本節では，日本人男性と結婚した外国人女性の母国人（××人）としての意識と国籍変更に関する気持ち，日本および母国への気持ち，さらに，異文化間結婚（国際結婚）への態度に着目し，日本在住の異文化間結婚女性の文化的アイデンティティを明らかにする。

2.1 事例の概要

表8は，日本人男性と結婚した外国人女性の事例の概要を一覧表にしたものである。事例A1～A5はアジア出身者，事例E1～E5はヨーロッパ出身者である。「満足（全体）」は現在の全般的な生活について満足かどうかであり，○は「満足」，×は「不満」，△は「どちらでもない」である。「結婚の評価」は日本人男性との結婚についての評価であり，肯定的な場合は○，否定的な場合は×で示している。

表8 事例の概要

事例	年齢	職業	出会った国	結婚への反対	日本語力**	子どもの学年・国籍***	満足（全体）	結婚の評価	滞在/結婚期間****	滞在予定
A1	40代	専門	日本	なし	4	小・日本	○	○	2/1	永住
A2*	40代	会社	母国	あり	4	高・日本	○	×	3/3	永住
A3*	50代	専門	第三国	妻あり	5	成・日本	○	×	4/4	永住
A4	40代	自由	母国	なし	4	高・日本	○	○	2/2	未定
A5	40代	専門	日本	なし	5	小・日本	○	×	1/2	永住
E1	40代	専門	日本	なし	4	小・日本	○	○	2/2	永住
E2	50代	専門	第三国	なし	4	大・日本	○	○	4/4	永住
E3	40代	専門	日本	なし	5	小・日本	○	○	1/1	未定
E4	50代	自由	第三国	なし	3	高・日本	○	×	3/2	永住
E5	40代	専門	日本	なし	5	小・二重	△	○	1/1	(永住)

* 国籍を日本に変更 ** 面接者による評価 *** 第1子のみ：小＝小学校，高＝高校，大＝大学，成＝成人
**** 1 =11年～15年，2 =16年～20年，3 =21年～25年，4 =26年以上
（　）は推定

［A1］：40代，専門職。日本（研修中）で知り合う。結婚の際に反対はなかった。日本語力4。子どもは小学生（日本国籍）。全体的に満足で，結婚についても肯定的である。日本に永住予定である。

［A2］：40代，会社員。母国で知り合い，結婚後来日する。結婚の際に反対があった。日本国籍に変更。日本語力4。子どもは高校生（日本国籍）。全体的には満足しているが，結婚への評価は否定的で不満がある。日本に永住予定である。

［A3］：50代，専門職。第三国（留学中）で知り合い，来日する。結婚の際に，妻側からの反対があった。日本国籍に変更。日本語力5。子どもは成人（日本国籍）。全体的には満足だが，結婚への評価は否定的で不満がある。日本に永住予定である。

［A4］：40代，自由業。母国で（仕事中）知り合い，結婚後来日する。結婚の際に反対はない。日本語力4。子どもは高校生（日本国籍）。全体的に満足（結婚に対しても肯定的）している。永住地については未定である。

［A5］：40代，専門職。日本で（留学中）知り合い，結婚。結婚への反対はない。日本語力5。子どもは小学生（日本国籍）。全体的には満足しているが，結婚に対しては否定的で不満がある。日本に永住予定である。

［E1］：40代，専門職。日本で（ホームステイ中）知り合い，その後，結婚する。結婚の際に反対はなかった。日本語力5（日本語専攻）。子どもは小学生（日本国籍）。全体的に満足しており，夫との結婚についても肯定的である。日本に永住予定である。

［E2］：50代，専門職。第三国で（留学中）知り合い，結婚後来日する。結婚の際に反対はなかった。日本語力4。子どもは大学生（日本国籍）。全体的に満足しており，夫との結婚についても肯定的である。日本に永住予定である。

［E3］：40代，専門職。日本で（仕事中）知り合い，結婚後来日する。結婚の際に反対はなかったが，将来は母国へ帰国することが条件だった。日本語力5（日本語専攻）。子どもは小学生（日本国籍）。全体的に満足しており，夫との結婚についても肯定的である。永住については未定である。

［E4］：50代，自由業。第三国で（旅行中）に知り合い，来日，結婚する。結婚の際に反対はなかった。日本語力3。子どもは高校性（日本国籍）。全体

的には満足しているが，夫との結婚に対しては否定的で不満である。

　［E5］：40代，専門職。日本で（仕事中）知り合い結婚する。結婚の際に，反対はなかった。日本語力5（日本語専攻）。子どもは小学生（二重国籍）。満足でも不満でもどちらでもないが，夫との結婚については肯定的である。日本に永住の予定だが明確ではない。

2.2　母国人としての意識と国籍変更についての気持ち

　異文化間結婚外国人女性の出身国人（母国人），すなわち，××人として意識，および日本国籍への変更についての気持ち・考え方を整理すると表9のようになる。下線（〜〜）は，母国の人間（××人）としての意識について述べている部分，下線（――）は，日本や日本国籍への変更について言及している部分である。

　事例A4と事例E2以外の日本人男性と結婚した外国人女性は，出身国の人間（××人）であることを非常に強く意識している。事例A4は母国人であることにあまり執着していない。これは，母国の法律が，結婚後はあらゆる面について「妻は夫に従う」ことになっており，それを自然に受け入れていることによるものとも推察される。事例E2は，母国人ではなく，「インターナショナル」であることを強調している。事例E2は，児童期・青年期にインターナショナルな環境で過ごしていたので，その影響によるものと考えられる。

　国籍変更については，事例A2と事例A3はすでに日本国籍に変更しているし，事例A4は変更してもよいと考えているのに対し，事例A1と事例A5，およびヨーロッパ出身のすべての人（事例E1〜E5）が国籍を変更したくない（日本人になりたくない）と語っている。なお，「日本人にはならない」等の語りの際の「日本人」という表現は，「日本人としての意識」を意味する場合，「日本国籍」を示す場合，両方を含む場合とがあるが，使用される個々の文脈によって判断した。国籍変更をしない（望まない）理由は，母国人としての強いアイデンティティによるものだが，そのほか，「日本人かどうかは国籍でなくて顔で判断されるので，日本国籍にはしない。」（事例E3）に代表されるように，国籍を変えても外見から日本人とは見られないので日本国籍の取得は意味がないこともあげられている。なお，国籍を日本に変更したアジア出

表9　母国人としての意識と国籍変更に関する気持ち

A1	××人としての意識はとても強い。国籍を変えない大きな理由。
A2	××人としての意識は強い（誇りに思う）。国籍を変えたのは選挙権が欲しかったから。
A3	「私は××人ですもの。」「死ぬまで日本人にはなれない。××国に帰ると、『あなたは日本人ポくなったわね。』と言われるのがさびしい。」 「ま、満足かな。日本国籍になったので、世界をかけめぐれる。（中略）アイデンティティは違う、私は××人を通す！これが在日××人と私の違い。向こうの根を持った植物なのね。」
A4	××人でなくてはいけないとは思わない。将来××国に戻るかもしれないので、××国籍のまま。日本に変えてもいい。
A5	「一応××人として生まれたので、自分の選択ではないけれど、それは何をしても消えることはないと思う。」日本国籍にはしない。
E1	日本人が××人は○○ということがある。そういうときに傷つく。何でも話せる友人は××人。日本人になることは望まない。
E2	××人とだとは思わない。インターナショナル。グローバルシチズン。××国の外が40年。日本人にはなりたくないし、日本国籍にはしたくない。日本人じゃないし、日本は関係ない。日本人とは思われない。
E3	××人としての意識がある。特に、日本に来てから。異文化とぶつかると自分のアイデンティティも表にでてくる。××人というより、西洋人。（中略）国籍とるのは難しいし、変えたくない。××人であることを誇りに思っている。日本のおかげで誇りに思うようになった。
E4	日本人にはならない。私は私だから。「私、心の中はやっぱり××人。」
E5	「（日本に住む外国人で）、ちょっと日本化しているひとたち見ているのね。考え方とか、ライフスタイルとか。でも私はそうしないようにしている。私のアイデンティティは守りたいと思っている。（中略）日本人になろうとか、それは無理ですし、しようとしても失敗するだけだと思います。」国籍をかえるつもりは、今のところはない（選挙権がないのは不満）。

身の2事例（A2、A3）の国籍変更の理由は利便性であり、アイデンティティは母国にある。異文化間結婚者（女性）の国籍変更の理由が「実生活上の便利さ」と「永住の決意（覚悟）」であることはすでに指摘されている（鈴木，2003／本書第2章）。なお、事例A2も事例A3も「永住予定」である。

2.3　日本および母国への気持ち

　表10は、日本人男性と結婚した外国人女性の出身国・出身文化（母国・母文化）および居住国（国）である日本（日本文化）への気持ちを示したものである。下線は、特に、両国への気持ちが表れていると考えられる部分である。
　日本人男性と結婚した外国人女性は、日本の良い点と悪い点を明確に認識し

2．日本人と結婚した外国人女性の文化的アイデンティティ　139

表10　日本および母国への気持ち

A 1	日本は好き。交通が便利，一般的に安全，清潔。しかし，日本での生活はストレスでいっぱい。海外に住むことで，自分の文化が豊かで価値のあるものであることに気づいた。
A 2	日本を好きになりつつある（日本国籍なので仕方がない。cf. 以前は反日感情あり）一歩後ろに引く人間関係がとても辛く，今でも苦手。アジアを見下していることも残念。××文化はすばらしい。
A 3	日本は好き。非常に住みやすい国。あらゆるものがあるから。××国も日本も両方ともすばらしい。日本は直線，××国は曲線。ずっといると息がつまる。中の一員にはなるがアウトサイダーでいたい。個人として歴史上の問題がある。
A 4	どちらも好き。似ているところもある。日本は生活が便利，礼儀正しい，時間厳守。××国には自然がある。
A 5	日本はストレスが多いが嫌いではない。嫌いならいられない。もともと日本が好きで日本語を勉強した。物事には両面があるし，本当のところがいろいろ見えてきた。昔の××国ではないし，居心地わるいこともある。「無国籍みたいになっちゃって。どこに行っても幸せになれない。不幸せな者になってしまったかな」
E 1	日本は好き。日本人と合う。日本人的かもしれない。安全はいいが，自然がない。公園も少ない，海もきれいでない。買い物は便利。
E 2	日本にはすてきなところはある（美的センス，素直，譲り合い，勤勉など）。嫌いなのは社会（国）が人を使っていること（ヨーロッパでは社会は人のために動いている）。日本は閉鎖的な社会だからいろいろなことに従わなければならない。外国人だからある程度楽だが仲間に入れてくれない。空気が悪い，せまい，いそがしい。××国が好きかどうかは難しい問題。一番すきなのは××国の自然と人が笑うこと，日本人は笑わない。
E 3	ちがう環境に生れた西洋人にとって日本の環境になじむことはとても大変。外国人に対して排他的だから仲間に入れない。日本人かそうでないかは顔で判断される。基本的に日本人の生活はしていないが，自分の仲間と自分のスタイルで生活をできるのは日本なのだから，そういう意味で日本も好き。日本にきて，自分の国の文化はとても豊かであることがわかった。
E 4	日本はすばらしい。食べ物と文化が好き，あれも嫌だとかこれが嫌だとか，それはどこにでもあるから。××国もすばらしい。自然が。東京は好きになれない。静かでのんびりとしたところに住みたい。
E 5	日本については，ひと口では言えない。いろいろなコントラストのある社会だから。母国は伝統とか歴史を大切にし，自分のアイデンティティをもっている。××国の都市になれているのでこういうごちゃごちゃした感じはそんなに好きではない。

ている。そのうえで，日本に対して比較的肯定的な気持ちをもっているのは，6事例（A1～A4，E1，E4）である。ただし，事例A2は「日本を好きになりつつある」，事例E4は「日本はすばらしい」と述べているにとどまる。それに対して，日本に対してどちらかというと否定的なのは，3事例（E2，

E3, E5）である。事例E2は, 日本の良い点を評価しながらも, 悪い点を多く指摘しているし, 事例E3は,「自分の仲間と自分のスタイルで生活できる」日本という意味でのみ日本に肯定的だが, それ以上の気持ちはなく, 日本文化との対比において, むしろ母文化のよさを強く認識している。事例E5は「一口では言えない」としながらも日本をあまり好きではないことに言及している。なお, 事例A5は, 日本を「嫌いではない」としているが, 積極的に肯定していない。

　母国に対しては, 事例A1は「自分の文化が豊かで価値のあるものであることに気づいた」, 事例A2は「××文化はすばらしい」, 事例E3は「日本にきて, 自分の国の文化はとても豊かであることがわかった」, 事例E4は「母国は伝統とか歴史を大切にし, 自分のアイデンティティをもっている」と述べており, これらの4事例には, 母国（母文化）への強い愛着を見ることができる。特に, 事例A1と事例E3は, 日本と対比することにより, 母文化の良さを再認識している。他方, 事例A5は,「昔の××国ではないし, 居心地わるいこともある」「無国籍みたいになっちゃって。どこに行っても幸せになれない」, 事例E2は「××国が好きかどうかは難しい問題」と述べており, 母国に対する気持ちが明確でない。また, 日本に対しても, 事例A5は積極的な好意を示しているわけではないし, 事例E2はむしろ批判的であることから, 両者は2国（文化）間で複雑な気持ちを抱いていることが推察できる。事例A3（「××国も日本も両方ともすばらしい」）, 事例A4（「どちらも好き」）, 事例E4（「両国ともすばらしい」）の3事例は母国（文化）と日本（文化）の両国（文化）を肯定的にとらえている。事例E4が言及しているように, どの国（文化）にも長所と短所があるという考え方に基づいていると思われる。なお, 事例E1は, 母国に対して特に言及していない。

　ところで, 異文化間結婚の外国人女性たちの日本社会に対する批判的な意見としては, たとえば,「日本での生活はストレスでいっぱい」（A1）,「アジアを見下していることが残念」（A2）,「ずっといると息がつまる」（A3）,「ストレスが多い」（A5）,「自然がない」（E1）,「日本は閉鎖的な社会だからいろいろなことに従わなければならない。外国人だからある程度楽だが仲間に入れてくれない」（E2）,「外国人に対して排他的（中略）日本人かそうでな

かは顔で判断される」（E3）がある。他方，日本の良い点としてあげられたのは，生活の便利さ（交通・買い物など），安全，清潔などだった。

2.4 「異文化間結婚（国際結婚）」に対する態度

異文化間結婚をしている外国人女性の「異文化間結婚（国際結婚）」に対する態度についてまとめたものが表11である。特に重要だと思われる箇所は下線で示している。

「異文化間結婚（国際結婚）」を特別なことでなく，普通の結婚と同じである

表11 異文化間結婚（国際結婚）に対する態度

A1	誰にでもというわけではない。うまくやっていくためには<u>成熟した強いパーソナリティと自信が必要</u>。
A2	<u>自己責任をもって</u>。場所が違えど，人が違えど。同じ国の人と同じなんですよ。最終的にはお金が必要。（中略）<u>満足しなければいけないでしょ</u>。（国とか）関係ないと思います。まだ，自分の選んだパートナーに不平不満を言うのだったら，離婚すればと思うんですけれど。自分の選んだ道にそれなりにやっていくのが筋なんじゃない。」
A3	「国際結婚は<u>お互いに包容力がないと無理</u>。相手を理解する。<u>互いに成熟していないと難しい</u>。」
A4	問題はない。いいと思う。
A5	「別に，国際結婚と思って結婚したわけではないし，今でもそう思っているわけではないし，自分の国であってもたぶん考え方が違ったり，感じ方が違ったりいろいろあって，違う人がふたりいて，合わないところとかでてくると思うんですよね。それが，外国人だったらもうちょっと多いかもしれないですね。（特別ではない）。」
E1	<u>普通の結婚と同じ</u>。
E2	<u>いいこと</u>。（すごく）楽しいと思う。二つの文化が分かる人だから。日本はclosed countryだから，外国との関係を作るためにはそういう人が必要。両方分かる人。
E3	結構難しいと思います。お互いの寛容が必要です。特に，難しいのは，結婚は個人の二人が結婚するだけでなく，基本的に家族との付き合いができてくる。家族は，選んだわけではないので，必ずしも好きではない。それは，国内での結婚の場合でも同じだと思います。（中略）国際結婚の一番の問題は，<u>お互いのことを尊敬する，お互いの国の習慣を尊敬することです</u>。
E4	<u>外国人が他の国の人と結婚するとはすごい，すばらしいことじゃない</u>。一つのことだけでなく二つに増える。そういう風に生きているっていいんじゃないかな。
E5	私は，国際結婚だからといって，国籍が違うからといって，ああだとかこうだとかは<u>思いません</u>。結婚は個人と個人の，どこの国であろうと夫婦間の理解というのはことばを超えるものだと思う。

ととらえているのは，事例A2，事例A5，事例E1，事例E5の4事例である。「異文化間結婚（国際結婚）」を肯定（よいこと）しているのは，事例A4，事例E2，事例E4の3事例で，たとえば，事例E2は，「日本はclosed countryだから，外国との関係を作るためにはそういう人（国際結婚）が必要」と述べている。また，「異文化間結婚（国際結婚）」には特別な努力等が必要であると考えるのは，事例A1，事例A3，事例E3の3事例である。事例A1は，「成熟した強いパーソナリティ」，事例A3は「お互いの包容力」と「成熟」，E3は「寛容」と「個人およびお互いの国への尊敬」の必要性に言及している。

2.5 日本在住の異文化間結婚女性の文化的アイデンティティ

本節では，日本在住の異文化間結婚女性の文化的アイデンティティを明らかにするために，10年以上日本に在住している，日本人男性と結婚した，子どものいる外国人女性（40代から50代）を対象に，母国人としての意識，国籍変更についての気持ち・考え，日本および母国への気持ち，さらに，異文化間結婚（国際結婚）への態度について考察した。ここでは，母国への意識，国籍変更への考え方，二文化（母国と日本）への気持ちを中心に，異文化間結婚外国人女性の文化的アイデンティティについて総合的に検討する。

1）日本在住で日本人男性と結婚した外国人女性の多くは，母国（出身国）の人間（××人）であることを非常に強く意識していた。これは，母国人として社会化（文化化）した後に，日本に文化間移動したために生じる，恒常的な，ホスト（日本）文化と母文化との『「ずれ」と「折り合い」の体験』（鈴木, 2009b；Suzuki, 2010／本書第4章）を通じて，自己の出自や母文化を強く再認識するようになることによるものと考えられる。たとえば，「××人としての意識がある。特に，日本に来てから。異文化とぶつかると自分のアイデンティティも表にでてくる。（中略）××人であることを誇りに思っている。日本のおかげで誇りに思うようになった。」（事例E3）という語りに代表されるように，海外（日本）に住むことによって，自分の文化が豊かで価値のあるものであることに気づかされ，母国人としての意識を強く抱くようになっている。

2）「国籍を変更するかどうか」は異文化間結婚者にとって非常に重要な事柄であり（鈴木, 2003），本研究の異文化間結婚外国人女性の場合も，文化的ア

イデンティティが国籍変更という課題(危機)と深くかかわっていることが明らかになった[5]。母国(母文化)への強い意識(愛着),すなわち,アイデンティティのために,日本国籍への変更を望まないと明言している人もいた(事例A1,E3など)。しかしながら,たとえ「国籍変更」をしたとしても,その事実は,異文化間結婚者の文化的アイデンティティに必ずしも直接的な影響を及ぼさないことが推察される。事例A2と事例A3は,実際的な生活上のメリット(利便性)のために,国籍を変更しているが,その後も,母国人としての強い意識をもち続けている。また,欧州出身者が日本国籍への変更を意味のないことと考える背景には,日本国籍を保有したとしても,外見等から日本人と認められないという現実(日本社会の排他性)も大きく作用しているようだった。

3) 箕浦(1984)は,海外勤務のために米国に文化間移動をした日本人家庭の妻が米国生活を「仮住い」と認識しているが,子どもにとっては「本住い」であることを指摘している。異文化間結婚の外国人女性の場合は,海外勤務者の妻とは異なり,ホスト国を好きか嫌いかどうかにかかわらず,そこでの生活は当初から「本住まい」である。たとえ,「仮住い」(永住しない)と思っていたとしても,日本人(配偶者・親族など)や日本社会とのさまざまな関係性のなかで,完全な「仮住い」ではありえない。そのため,異文化間結婚外国人女性は,居住地(文化)の影響を大きく受け,時間の流れととともに,程度の差はあるが,二つの文化の視点を獲得していく。母国(文化)との比較によって,日本(文化)の良い点と悪い点を明確に認識するとともに,母文化の長所も強く再認識している人もいた(事例A2,E3,E4)。二つの文化の視点を維持し,自己のなかで,母国と日本という二つの文化のバランスを保ちながら生活しながらも,時間の経過とともにだんだんとホスト文化化していくことが推察される(第4章,図5参照)。たとえば,事例A3は,「××国に帰ると,『あなたは日本人ポくなったわね。』と言われるのがさびしい。」と述べている。また,事例A5は,「昔の××国ではないし,居心地わるいこともある」「無国籍みたいになっちゃって。どこに行っても幸せになれない。」と語っているが,ホスト文化化のプロセスのなかで,両文化の視点をもちながらも,どちらの国にも,「居場所」,すなわち,「実際的な居場所」と「精神的な居場所」(第4章第4節)がみつからない状態に陥っていると考えられる。

4）日本人男性と結婚し，長期にわたり，日本に居住していても，異文化間結婚外国人女性（成人中期）は，日本国籍への変更の如何にかかわらず，「母国人としてのアイデンティティ」を保持しており，今後も，保持していくことが推察される。たとえば，日本に国籍を変更した事例A3は，「私は××人ですもの」「死ぬまで日本人にはなれない」「私は××人を通す」と述べているし，国籍変更をしていない事例A5も「一応××人として生れたので，自分の選択ではないけれど，それは何をしても消えることはないと思う」と言及している。このような「母国人としてのアイデンティティ」の保持は，日本で社会化（文化化）し，米国人・豪州人と結婚，国籍を変更し，夫の国に移動し，成人後期を迎えた"戦争花嫁"の場合にも明確だった（本書第5章）。すなわち，"戦争花嫁"のこころの故郷は，"日本"であり，"日本人"であることが精神的な支えとなっていた。"戦争花嫁"は，「米国・豪州へ文化間移動をした，米国人・豪州人の夫をもつ，元日本人女性（かつて日本人だった女性）」としての（文化的）アイデンティティをもつと考えられたが，それと同様に，日本在住の異文化間結婚外国人女性は，「日本に住み，日本人の夫をもつ，母国人（××人）」としてのアイデンティティをもつと言えるだろう。つまり，日本在住の異文化間結婚外国人女性は，日本人男性と結婚し，日本で生活することによって，日本で再社会化（再文化化）していくが，（文化的）アイデンティティの基盤（根底）には，母国で身につけた母文化が保持され，それは，消失することはない。母文化は（文化的）アイデンティティの基盤として生き続けるが，時間の経過とともに，二つの文化は，個人のなかで，「ブレンド（blend）」されていく。両文化の「ブレンド」の状態は個人によって異なる。（文化的）アイデンティティの基盤としての母文化（あるいは，母国人としてのアイデンティティ）の内容や二文化の「ブレンド」の詳細については，今後さらに検討する必要がある。

3．日本人と結婚した外国人女性と言語・文化の継承

本節では，前節でとりあげた異文化間結婚外国人女性の言語・文化の継承に着目する。

鈴木（2004, 2008a）は，インドネシア在住の日本－インドネシア国際家族（日

本人とインドネシア人の国際結婚夫婦とその子どもからなる家族）の長期にわたる追跡調査の結果から，複数文化環境のなかで成長する国際児にとって，文化的アイデンティティ形成が極めて重要な課題であることを指摘している。さらに，どちらかの文化のアイデンティティというよりも「国際児としてのアイデンティティ」を形成することが最も自然であることに言及し，その前提条件として，社会（特に居住地）が国際児を受容すること，および国際児が二言語・二文化を習得していることをあげている。また，鈴木（2007，2008a）は，国際家族（国際結婚家族）における言語・文化の継承に影響をおよぼす要因として，「居住国・地の言語・文化」「親自身の志向性」「子どもの言語・文化・教育についての親の考え方（姿勢）」「家庭の経済状態」「子どもの個性と発達および親子の相互作用」を提示している。そのなかでも，居住国・地（言語・文化，法律，政治・経済，受容度など）の規定性とならび，子どもの言語・文化・教育（含む：学校選択）についての親の考え方（姿勢），特に，居住国（地）に対して異文化出身の親，とりわけ，異文化出身の母親の影響が大きいことを明らかにしている。すなわち，居住国・地の規定性が大きいため，自然の状態では，主言語・主文化（第一言語・第一文化）は，居住国・地の言語・文化になるので，子どもが居住地以外の言語・文化（異文化出身の親の母語）を継承（習得）するためには，異文化出身の母親の役割が重要である。つまり，異文化出身の母親の考え方は国際児の発達のさまざまな側面に影響を及ぼす。

　これらの知見は海外在住の日系国際家族（日本人と外国人の夫婦とその子どもからなる家族）についての研究によるものだが，日本在住の日系国際家族の場合はどうだろうか。

　ここでは，日本（都市部）に，長期にわたり居住している，日本人の父親と外国人の母親およびその子どもからなる日系国際家族をとりあげ，外国人の母親の視点から，日系国際児（第1子）の言語・文化の継承について明らかにする。その際に，1）居住地である日本の規定性が大きく，日本在住の日系国際児の第一言語・第一文化は日本語・日本文化であるかどうか，2）子どもの言語・文化の習得（継承）には，異文化出身である外国人の母親の子どもの言語・文化・教育についての考え方が大きな影響を及ぼしているかどうかについて検討する。

なお、ここでの文化は、「発達過程のなかで、環境との相互作用によって形成されていく、ある特定集団のメンバーに共有される反応の型」（鈴木、2006、p.41）である。

3.1　日系国際児の特徴と家庭の言語使用
（1）　日系国際児の特徴

表12は、子ども（第一子）の属性を事例別に示したものである。A１からA５がアジア出身の母親、E１からE５はヨーロッパ出身の母親である。子どもの年齢は、小学校から成人までだが、すべて日本の私立校か公立校に在籍しているか、在籍していた。出生地は、2事例（A４とE３）を除いては、日本である。

特徴的なのは、二重国籍は事例E１のみで、そのほかの国際児は日本国籍のみを所有していることである。1985年の国籍法の改正により、日本でも22歳になるまで二重国籍を保持することが可能になった。しかし、異文化出身の母親の母国の国籍法とも深く関係するため（例：二重国籍を認めない、父系制）、どちらか一方の国籍（日本）しか選べなかった可能性もある。また、日本の旅券（パスポート）は、世界的にみても自由度が高いので（多くの国にビザなしで渡航可能）、そのために、子どもの国籍を日本にした可能性も推察される（事例A２、A３など）。

なお、母親は、全員が仕事をしており、日本語力が比較的高く（1人を除き「4」以上）、永住予定者が多い（2人のみ未定）（本章第2節参照）。

表12　子ども（第一子）の属性

事例	学校	学校種類	性別	出生地	国籍	きょうだい	永住予定
A１	小学校	公立	女	日本	日本	なし	あり
A２	高校	公立	男	日本	日本	なし	あり
A３	成人	公立	男	日本	日本	あり	あり
A４	高校	公立	男	母の母国	日本	なし	未定
A５	高校	公→私立	女	日本	日本	なし	あり
E１	小学校	公立	男	日本	二重	なし	あり
E２	大学	公→私立	女	日本	日本	なし	あり
E３	小学校	公立	男	海外	日本	なし	未定
E４	成人	私立	男	日本	日本	あり	あり
E５	中学	公立	女	日本	日本	あり	（あり）

（　）は推定

（2） 国際児の言語と家庭の言語使用

　子ども（第一子）の言語と学校言語，母子間の言語，きょうだい間の言語，母親の日本語力，および妻（母親）の母語についての夫（父親）の言語力，両親間の言語，家庭内の主言語について，事例別に示したものが表13である。

　子どもの言語は，事例A2と事例A3は日本語だけの1言語だが，そのほかは，程度に差はあるが，2言語以上可能である。子どもの主言語（第一言語）は全員日本語である。ただし，事例E3は母親の母語も日本語と同程使用できる。第二言語については，母親の母語が事例A4と事例E5（事例E1，E4もほんのわずかのみ使用），英語が事例A1，事例A5，事例E2である。事例A5はほんのわずかだが第三言語として母親の母語も使える。学校言語は全員日本語である（全員が日本の学校に在籍，あるいは在籍していた）。母子間の会話についてはどの事例も日本語を使っているが，その程度には差がある。主に日本語を使用しているのは6事例（事例A2，A3，A5，E1，E2，E4）で，そのうち，日本語だけなのは，事例A2と事例A3の2事例である。母子間の会話に主に母親の母語を使用しているのは事例E3と事例E5，日本語と母親の母語を同程度使用しているのが事例A4である。なお，わずかだが事例A5，E1，E4も母親の母語も使っている。母子間で母親側からの主言語が英語なのは事例A1（子どもは日本語使用）のみであり，英語が母子間の第二言語なのが事例A5と事例E2である。事例A1と事例A5の場合は，英語は母親の母国の公用語である。母親の日本語力は，事例E3が3（普通）である以外は，4か5であり，母親の日本語力は比較的高いが，夫（父親）のなかで，妻の母語を多少なりとも可能なのは4事例（A2，A3，A4，A5）で，そのうち良好なのは1事例（A4）のみである。夫婦間の会話については，事例A1が，日本語と英語を同程度使用している以外は，日本語（6事例）だけか，主に日本語が使用されている。これは，妻の母語についての夫の言語力が低いためと推察される。家庭内の主言語は，事例A4が母親の母語が主言語である以外は日本語である（うち日本語のみが4事例）。

　子どもの言語の特徴は，居住地の言語である日本語が主言語であり，母親の母語についてはあまり話せないことである。まったく話せないか，ほんのわずかしかできない事例が目立つ。母子間の主言語も日本語の場合が多い（6事例

表13 日系国際児（第1子）の言語と学校言語，および家庭の言語使用

事例	子どもの言語	学校言語	母子間の言語	きょうだい間の言語	母親の日本語	夫の妻母語	両親間の言語	家庭内主言語
A1	日＞英	日	英＞日（子は日）	—	4	不可	日・英	日＞英
A2	日	日	日	—	4	少	日	日
A3	日	日	日	（日）	5	少	日	日＞［母］
A4	日＞母	日	母・日	—	4	良	日＞母	母＞日
A5	日＞英＞［母］	日	日＞英＞［母］	—	5	少	日＞英	日＞英＞［母］
E1	日＞［母］	日	日＞［母］	—	5	不可	日	日＞［母］
E2	日＞英	日	日＞英	—	4	不可	日＞他	日＞英＞他
E3	日・母	日	母＞日	—	5	不可	日	日
E4	日＞［母］	日	日＞［母］	（日）	3	不可	日	日
E5	日＞母	日	母＞日	（日）	5	不可	日	日

注）日＝日本語，英＝英語，母＝母親の母語，他＝英語や母親の母語以外の言語．左側にあるほど使用頻度が高い言語．［ ］はほんのわずか．（ ）は推定

が日本語，3事例が母親の母語，1事例が英語)。これは，母親が全員，非英語圏出身者であるためではないかと考えられる。すなわち，母親は母語を子どもに伝えたい気持ちはあっても，英語に比べての有用性の低さや物理的な伝達の困難さのため（母語を学習させる機関がない，母親に教える時間がない，など)，英語以外の言語は継承されにくくなるためと推察される。なお，事例A1や事例A5のように，母国の公用語が英語の場合には，英語が母親の母語よりも優先的に継承されている。

3.2 事例の検討

　日本在住の異文化間結婚外国人の母親たちは，子どもの言語・文化の継承についてどのように考えているのだろうか。すべての日系国際児が，日本語を第一言語として習得しているが，ここでは，第二言語として（あるいは，日本語とならぶ第一言語として)，「母親の母語を継承させようとしている場合」（A4，E3，E5）「英語を習得させようとしている場合」（A1，A5），「日本語の継承に重点を置いている場合」（A2，A3，E1，E2，E4）に分類し，それぞれ代表的な事例をとりあげ，言語・文化の継承に関する母親の考え方について考察する。

　なお，個々の事例については，個人が特定されないように，本質に影響のない範囲で修正を加えている。また，母親の母国，母語，母文化は，それぞれ，

××国，××語，××文化などで示した。また，下線は著者による加筆である。

（1） 母親の母語・母文化を継承させようとしている場合
事例A 4

40代，自由業。高校生男子（母親の母国生れ，日本国籍）。夫（父親）も妻の母語が可能。年1〜2回一時帰国。永住未定。

父親が日本人なので子どもが日本語や日本のことをわからないと困るので日本に来る(約1歳)。母国の国籍法上，子どもは父親の国籍になるので日本国籍。日本語は日本の幼稚園からずっと学校で身に付けてきたが，子どもとは毎日××語を使う。現在，英語も習っている。母子間では日本語と××語を半分ずつ使っているし，家庭内では××語を話すのが自然。子どもは母親の出身地の地域語もわかる（母親といっしょにたびたび一時帰国をしている）。母親（妻）だけがヒンドゥ教だが，夫も子どもも神様を信じているので問題はない。家のなかには，母国と同じようにお祈りの場所がある。また，母国人との接触もある。

いじめられたこともないし，子どもは，「国際児」ということをよかったと思っているし，母親が××人であることを自慢に思っている。外見は父親に似ている。子どものやりたいことをやらせたいと考えている。そのほか，子どもには，自分で（生活）できるようになる，結婚しても親を忘れない，大学へは行って欲しいと思っている（夫も同じ考え）。将来，年をとったら妻の出身地に住みたいと夫が言っているので，その可能性もある。

来日の目的が日本語や日本文化を子どもに習得させることだった。子どもは，第一言語は日本語，第二言語は××語（母親の母語）として育っている。母親の母国への一時帰国の回数も比較的多いうえ，父親も××語が可能なので，家のなかでも××語が自然に使われている（家庭内の主言語は××語）。日本にいても，母親が日々の生活のなかで母国の文化を実践しているので（例：お祈り），子どもは，日本文化だけではなく，母親の母文化もある程度理解していることが推察される。また，子どもは「国際児」であることを肯定的に評価している。

事例E 3

　40代，専門職。小学生男子（外国生，日本国籍）。年1回一時帰国。定住未定。
　一生，二重国籍でいることは日本では認められないので子どもの国籍は日本にする。一親一言語が方針なので，母親は子どもに対して原則として××語しか使わない（夫は日本語のみ使用，妻の母語は不可，家庭内の主言語は日本語）。（中略）基本的には，日本人ではなくて，××人でもなく，ちゃんとした人間として育てたいと思う。もちろん私は××国の大学に入学して××国に住んで欲しいです。××国というか，ヨーロッパ，今，EUだから，国境がないからどこでもいける。住むのにはヨーロッパがいいなと思う。ゆっくりできる。特に，男は仕事上そんなに要求されない。個人の生活をそれほど犠牲にしなくてもいいので住みやすいのではないかと。（中略）特に，クリスマスとかイースターの時に，子どもの時にどういう風に過ごしていたか，それを自分の子どもに伝えたいのだけれど。日本だと雰囲気が違うから，それに夫もキリスト教ではないから。さびしくなりますね。（中略）私もいつか，年をとったら××国に帰りたい（結婚時の約束）。
　自分で考えること，物事を考えて自分で判断できるように子どもをしたい。今のところは，物事を考えたり自分の意見を言える。でも日本の学校に行くとどうなるかわからない。子どものときから二つの世界をみているし，違うということも意識しているみたいです。あることは××国ではしてもいいけれど，日本ではだめとか。××国には毎年帰国している。
　子どもがここの学校がいいといった。私は外国人として差別されないかとか（子どもは外国人として差別された経験をもつ），二つの言葉を話しているから差別されないかとか心配していた。（中略）基本的に，小学校は公立でいいのではないかと。(その)後は考えます。心配ですやっぱり。教育の目的は人を考えさせることだと思います。あと，真実をさがすこと。少なくても西洋では教育の目的です。（中略）日本では，本を読むけれど，その内容について意見を言わない。××国では，自分の意見を言わせる。（中略）日本はディベートとか，自分の意見を言うことをしないので心配。
　「国際児」は，生れた時から二つの世界を見ている。結構たいへんだと思いますよ。（中略）子どもは二つの世界を整理するまでの時間が必要で，時間が

かかる。(中略) 考えることを習慣的に教えているので，いろいろな問題をすごく考えています。(中略) すごく勉強したくて，読み書きもできるから。××語と日本語。

　全体的に，母親の気持ちはかなり母国，あるいはヨーロッパに向いていることがわかる。母語や母文化を子どもに伝えたいと考えている。子どもは，小さいころから，母親の母語や母国に触れる機会（一時帰国など）があり，バイリンガル・バイカルチュラルに育っているが，母親としては，どちらかの国の人ではなく「ちゃんとした人間」として育ってほしいと考えている。しかしながら，その意味は，西洋的な考え方（考える，意見を言うなど）を身に付けた人を指しているようだ。現在は，子どもはその条件をみたしているが，日本の学校に通学することにより，だんだんと日本人的になっていく(西洋から遠ざかっていく)ことを心配している。「国際児」についても楽観的にはとらえていない。むしろ，二つの世界，二つの言語のなかで育つことにより，困難がともなうことを危惧している。また，将来的には母国に戻りたいと考えている。

(2)　英語を習得させようとしている場合

事例A 1
　40代，専門職。小学生女子（日本生，日本国籍）。夫は英語可。年に1回一時帰国。永住予定。
　最初から，あなたはハーフではなくダブルだよって教えた。だから，初めから彼女は自信をもっている。「私の方がラッキーだよ。ママは半分だけ。××人だけ。私，両方だから。」と言っている。「国際児」は特別だと思う。もし自分が関係するすべての文化（両親の文化，居住地の文化）を愛せるように成長したら，未来の外交官になれる。
　日本語と英語を使う。「ただいま」「おかえりなさい」「行ってきます」は英語にはない。だから，最初の挨拶から日本語。食事のときには，英語のお祈りを教えているけれど，「いただきます」とか，「ごちそうさま」もいう。日本の文化で，日本の生活だから。両方。(中略) 自然にある程度英語を使っているけれど，娘も，食事をしながら，日本語で話しながら，英語の文章がはいる。

その方がいい。(家庭内主言語：日＞英)。

　彼女には，英語で話しかけるが，答えは日本語。彼女の考え方をもう少し広くしたいので努力している。今は英語を教えているけれど，自分の言いたいことをまだ言いきれない。(中略)本当は××語を教えたい。でも両方(英語と××語)だと頭のなかでパニックになるので，英語に重点を置いている。(中略)これからは日本語だけでは足りない。日本では日本語で十分だけれど，ほかの世界には入りづらい。

　毎年，××国に帰る。その時，母国の貧しいところもみせている。そういう経験ができるようにしている。去年，1ヶ月，××国で生活し，学校にも行った。(中略)やっと自分でも××国や××文化に興味をもつようになった。友達もできたし，思ったより英語ができたので本人も満足している。もっと頑張ろうという気持ちがでてきた。

　日本の文化も大事にしているが，英語も重要で，××文化と××語も勉強した方がいい。日本語も英語も重要で，プラス，××人だから，××の文化も言葉もできればいいと思うが，今の状態では難しいことがわかっている。少なくとも××文化を理解して欲しいと思う。それは夫婦間で共通している。

　娘が××文化を学び，尊敬し，××人のアイデンティティを愛してくれることを重要だと思っている。(××文化に触れさせ，少しだけ××語も話せて欲しい)

　「国際児」を肯定的な存在としてとらえており，「国際児」であることに自信をもち，両方(日本と母国)の言語・文化を理解できる人間になってほしいと考えている。しかし，言語としては，日本語だけではなく，世界共通語としての英語の習得に重点をおいている。そのうえで，母親の母語や母文化を身につけてほしいという願いがあるが，子どもの現状を理解しており，一時帰国の際の母国でのさまざまな体験を通して，少なくとも母文化を理解してもらいたいと考えている。なお，英語は母親の母国の公用語である。

事例A 5

　40代，専門職。高校生女子(日本生，日本国籍)。夫は英語可，××語はほ

んの少し可。年1回一時帰国。永住予定。

　母国は二重国籍を認めない。××国籍だとビザが必要になるので日本国籍にした。子どもには××語を教えていないけれど，小さいころから少し話したり，××国に帰る時いっしょに戻っている。子どもとは××語を話すことはあるが，怒る時は英語で怒る。日本語は弱い感じがするので。(家庭内主言語：日本語＞英語)。彼女はハーフだと言われることが気になる。彼女は，悪いことなにもしていないのに，親のせいで悪いなと思う。自分が強く生きなくちゃいけないと教えている。ハーフの子はどこでもある程度大変だと思うが日本の方がより難しい。(中略)できるだけ，彼女の自分の人生を尊重して，子どもだからああしろこうしろではなくて，お互いに話し合って，彼女の自由を奪わないように育てたつもりでいる。(中略)自由に，自分の足で立って，自分のことを自分の力でできる人間になって欲しい。どこにいっても，だれと結婚しても自由。自分の合うような人で，合うようなところで，自分で合うような生活ができたらと思う。××国に帰って欲しいということもない。

　自分のことより，子どもの将来のことを考えて動いてきたから，そんなに変ったことしていない。普通の日本の学校に行って，小学校も中学校も，それも近くのみんなが行くようなところ，公立。(中略)中学のころ，大きくなってきたので言葉の問題はあるかもしれないが，1年ぐらい，××国の学校に行かせようとしたが，そうしない方が彼女にとっていいかなと思った(とりやめた)。日本の学校が悪いというのではなく，××国のことも少し知って欲しかった。小さいかころからあまり離れて生活させてもどうせ大きくなったら離れるのだから(ということもありそうしなかった)。夫は子どもの教育については何も言わない。

　子どもには，母親の母語や母文化に触れる機会(一時帰国)をつくっているが，積極的には教えてきていない。第二言語としては，むしと母国の公用語である英語に重点を置いている(子どもの言語：日＞英；母子間の言語：日＞英；家庭内主言語：日＞英＞他)。子どもに母国を知ってもらいたいと思い母国の学校に行かせようとしたこともあったが，一貫して普通の日本の教育(公立小学校・中学校)をしている。「国際児」については必ずしも肯定的ではなく，

また，子ども自身も「国際児」であるということを気にしている。将来は，子どもの自由だが，自分の足で立ち，強く生きて欲しいと考えている。

(3) 日本語の継承に重点を置いている場合
|事例E 1|

40代，専門職。小学生男子（日本生，二重国籍）。年1回一時帰国。永住予定。
母親は，時々××語で話しかけるが，子どもは自分からは話そうとしない。××語をほんの少し聞くことはわかるが，話せない。小さいころから保育園にいたので日本語になってしまった（家庭内主言語はほぼ日本語）。子どもの育て方や方針については夫婦間でほぼ一致している。環境が日本なので，子どもは日本人として育てる。日本の教育がすばらしいと思っているわけではないが，普通にやらせたい。受験勉強はさせたくない。大学は××国（母親の母国）でもいい。学費が無料だから。でも自分できめればいい。なるべく時間に縛られない仕事について欲しい。公務員でもいい。「国際児」は普通の子といっしょだと思う。

「子どもは日本人として育てる」と明言しており，母親の母文化・母語を習得させるよりも，普通の日本人として育てようとしている。母親の日本語力は高く，永住予定であり，子どもも日本語・日本文化優位で成長している。

|事例E 2|

50代，専門職。大学生女子（日本生，日本国籍）。夫は英語可。永住予定。
日本で一番大切なのは日本語ができること。日本に住むためには，日本のことを理解しなければならないので娘を日本の学校に入れた。それに，日本語は難しい，英語は簡単。だから，日本語の方が大事，漢字はすごく大事（娘は困っていない）。（中略）娘を日本人としては育てていないけれど，日本語で育てる。日本語が大事。日本人というのはいらない，二つの文化だから。日本語ができることは大事，でも人間としてはインターナショナル。
「国際児」はいいと思う。そういう人は日本に必要。二つの文化が分かる人だから。日本はclosed countryだから，外国との関係を作るためにはそうい

う人（両方わかる人）が必要。

　子どもとの会話や家庭内では，日本語の次に英語を使用している。しかしながら，子どもが日本に住むことを前提に，英語よりも，日本語の習得や日本文化の理解に重点を置いて育てており，特に日本語を重要視している。人間としてはインターナショナルになってほしい。つまり，言語と文化を分けて考えている。母親の母語については言及していない。「国際児」を肯定的にとらえている。

3.3　日本在住の異文化間結婚女性と言語・文化の継承

　日本在住で，日本人の父親，外国人の母親，およびその子どもからなる日系国際（結婚）家族における，外国人の母親の子どもの言語・文化の継承についての考え方を中心に事例をとりあげ考察した。ここでは，1）居住地である日本の規定性が大きく，日本在住の日系国際児の第一言語・第一文化は日本語・日本文化であるかどうか，2）子どもの言語・文化の習得には，異文化出身である外国人の母親の言語・文化・教育についての考え方が大きな影響を及ぼしているかついて検討することによって，日系国際家族における言語・文化の継承について明らかにする。

（1）　日系国際児の日本語・日本文化と居住地（日本）の規定性

　日系国際児の言語については，事例Ｅ３の子どもが日本語と母親の母語を同程度習得している以外は，子どもの主言語（第一言語）は居住地の言語である日本語だった。また，事例Ａ２や事例Ａ３のように，日本語しか習得していない場合もあった。したがって，日本在住の日系国際家族（母親が外国人）の場合も，国際児の言語習得について，居住地の規定性が大きいと言えるだろう。また，日本に居住していることにより，すべての子どもが居住地で一般的な学校（日本の学校）に通学しており，学校言語が日本語であること，さらに，外国人の母親（妻）の日本語力が高いのに対して，事例Ａ４を除く夫は，妻の母語をまったく理解できないか，ほんのわずかしかわからないために，家庭内の主言語が必然的に日本語であることが，子どもの主言語が日本語になることを

156　第7章　異文化間結婚外国人女性の文化的アイデンティティと言語・文化の継承

助長したと考えられる。一般に，長期にわたり，ホスト国に居住する異文化出身の母親は，ホスト国の言語，特に会話をある程度可能な場合が多いが（鈴木，2008bなど），本研究においては，外国人の母親の日本語レベル（面接者による5段階評定で最高は5）が，5が5人，4が4人，3が1人というように，かなり高く，なかには，日本語検定1級の保有者や日本語の専門家が含まれていた。なお，母親は全員非英語圏出身だったが，子どもが極わずか（単語程度）しか母親の母語を習得していない場合（A5，E1，E4）を除くと，母親の母語は3事例（A4，E3，E5）にしか継承されていないことや，出身国の母語よりも公用語である英語を優先的に習得させよう（母子間や家庭内の副言語として使用）としている母親（A1，A5）がいることから，異文化出身の母親の母語が，英語なのか，非英語なのかによって，言語の継承が影響されることがわかる。非英語圏出身の母親の母語が子どもに継承されるためには非英語圏の言語を学習できる機会をつくり出すような支援をしなければならないだろう。

　国際児の文化に関しては，全員が日本の学校に通学しているか，卒業しているので，社会化のエイジェントのひとつである学校を通して，居住地の文化である日本文化を主文化（第1文化）として身につけていると考えられる。個々の事例からも，異文化出身の母親が母文化を子どもに継承させるために意図的な介入（母親の母文化の日常的な伝達の試み，一時帰国など）をしている事例（A4，E3など）以外は日本文化を優位に身につけていることが推察され，海外在住の日系国際家族の場合と同様に，居住地の言語・文化の規定性が大きいことが示唆された[6]。しかしながら，日系国際児の言語・文化の習得状況については，母親の目を通してのものなので，今後，日系国際児を対象とする調査によって確認する必要があるだろう。

（2）　子どもの言語・文化と外国人の母親の言語・文化・教育についての考え方

　子どもが日本語と母親の母語の両方を習得している[7]と考えられる事例についてみると，たとえば，事例A4は，子どもに日本語・日本文化を身につけさせるために来日したが，その後も，母親は，母語を使い続けたり，日常生活

のなかで母文化に触れる機会をつくったり，日本にいても，母親が日々の生活のなかで母国の文化を実践していることによって（例：お祈り），子ども（高校生）は，日本語や日本文化だけではなく，母親の母語や母文化も継承している。また，事例A4の子どもは，「国際児」であることによるマイナスな経験がなく，異文化出身の母親を誇りに思い（「母親が××国出身であることを誇りに思っている」），「国際児」であることを肯定的に評価している。居住地からも受け入れられて成長していることが推察され，将来的に「国際児としてのアイデンティティ」（鈴木, 2004, 2008a）をもつ可能性が高いと考えられる。事例E3については，一親一言語を原則としており，母親は，子ども（小学生）に対して母語しか使わないという方針をとっている（父親は日本語のみを使用する）。「基本的には，日本人ではなくて，××人でもなく，ちゃんとした人間として育てたい」と述べているが，母親の気持ちはかなり母国（ヨーロッパ）に傾いており，母語や母文化を子どもに伝えたいという強い気持ちをもつ。「ちゃんとした人間」の意味は，西洋的な考え方（考える，意見を言うなど）を身につけた人を指していると推察される。子どもが日本の小学校に通学している（子どもの選択）ことにより，だんだんと日本人的になっていくことを危惧している。また，二つの世界，二つの言語のなかで育つ困難が大きいことから（外見も含む），「国際児」を楽観的にはとらえていない。子どもは，小学生のこともあり，現在，二言語・二文化を身につけていると考えられるが，母国に戻る可能性もあるので，将来的に，どのようなアイデンティティを形成していくは不明確である。

　次に，子どもが日本語と英語（公用語）を習得している事例（A1, A5）をとりあげる。事例A1は，「国際児」を肯定的な存在としてとらえており，子ども（小学生）には，日本と母国の両方の言語・文化を継承してほしいと考えているが，母親の母語や母文化よりは，幅広い視野をもつための前提として，世界共通語である英語の習得に重点をおいている。また，事例A5は，子ども（高校生）に，母親の母語や母文化を理解してほしいと思いながらも積極的には伝達していない。むしろ，第二言語としては，出身国の公用語である英語に重点を置いている。子どもは，「国際児」であるために困難な経験もしているので，母親も「国際児」については必ずしも肯定的ではないが，自分の足で立

ち,強く生きて欲しいと考えている。

　最後に,子ども(小学生)がほぼ日本語しか習得していない事例E1についてである。事例E1は,「子どもは日本人として育てる」と明言しており,母親の母文化・母語を習得させるよりも,普通の日本人として育てようとしている。なお,事例E2では,子ども(大学生)は,第一言語が日本語,第二言語が英語であるが,母親は日本語を第1に考えている。

　以上のことから,日本在住の日系国際家族(母親が異文化出身)の場合にも,鈴木(2007, 2008a)が指摘しているように,子どもの言語・文化の習得(継承)には,異文化出身の母親の言語・文化・教育についての考え方が強く反映されていると言える[8]。なお,「国際児」のとらえ方には個人差があったが,本研究における異文化出身の母親の多くは,子どもが日本語・日本文化を基盤としながらも,母親の母語・母文化を理解し,愛してくれることは重要であり,現実的に可能ならば,母語・母文化を伝えていきたいと考えているようだった。

4. まとめ

　本章では,10年以上日本(都市部)に居住し,日本人男性と結婚している,子どもをもつ外国人女性(40代から50代)を対象に,文化的アイデンティティ,さらに,子どもへの言語・文化の継承についてとりあげた。

　まず,文化的アイデンティティについては,次の事柄が明らかになった。1)日本在住で日本人男性と結婚した外国人女性の多くは,海外(日本)に住むことによって,自己の出自や母文化を再認識し,母国人(××人)であることを非常に強く意識している。2)「国籍を変更するかどうか」は異文化間結婚女性にとって非常に重要な事柄であり,文化的アイデンティティが国籍変更という課題(危機)と深くかかわっている。3)異文化間結婚の外国人女性の場合は,ホスト国を好きか嫌いかにかかわらず,そこでの生活は当初から「本住まい」であるため,居住地(文化)の影響を大きく受け,時間の流れとともに,二つの文化の視点を獲得し,自己のなかで,母国と日本という二つの文化のバランスを保って生活しながらも,だんだんとホスト文化化していくことが推察

4. まとめ

された(「居場所」との関連も示唆された)。そして,4)日本人男性と結婚し,長期にわたり,日本に居住していても,異文化間結婚外国人女性(成人中期)は,日本国籍への変更の如何にかかわらず,「母国人としてのアイデンティティ」を保持していた。また,異文化間結婚外国人女性は,「日本に住み,日本人の夫をもつ,母国人(××人)」としてのアイデンティティをもっていること,(文化的)アイデンティティの基盤(根底)には,「母国人としてのアイデンティティ」が保持されること,時間の経過とともに,二つの文化は,個人のなかで,「ブレンド(blend)」されていくことが言及された。

次に,外国人の母親の視点から,言語・文化の継承について検討した。日本在住の日系国際児の場合についても,海外在住の日系国際児と同様に,国際児の言語・文化については居住地の言語・文化の規定性が大きいこと,また,子どもの言語・文化の習得(継承)には,異文化出身である母親の言語・文化・教育についての考え方が大きな影響を及ぼすことが明らかになった。

本章では,日本在住の異文化間結婚外国人女性の文化的アイデンティティおよび言語・文化の継承について明らかにした。異文化間結婚女性の国籍が多様であることや限られた事例数であることから,本研究結果を単純に一般化はできないかもしれないが,今後,それらの点を考慮し,異文化間結婚者の文化的アイデンティティや言語・文化の継承についての知見をさらに発展させていくことが望まれる。

〈注〉

1)日本人男性と結婚した外国人女性を対象とした調査においては,調査参加者の獲得が極めて困難なため,幼稚園や教会などの組織を媒介として調査を実施することが多く,調査対象者に初めから偏りがあることが指摘されているが(今村・高橋, 2003),本研究の場合は,組織を媒介せず,知り合い等による紹介による。

2)20人の内訳は,アジア出身者10人(中国3人,フィリピン3人,インドネシア,韓国,台湾,インド,以上各1人),欧米出身者10人(ドイツ3人,イタリア2人,米国,オーストラリア,東欧X国,フィンランド,ポーランド,以上各1人)である。2人以外は子ども(乳児から成人)がいる。

3)10人のなかには,偶然,英語圏出身者が含まれなかった。

4）面接者（著者）は，英語，ドイツ語，インドネシア語（日常会話）でのコミュニケーションが可能であり，研究補助者は英語が可能である。

5）多くの先進諸国では，生涯にわたって二重国籍を認めているので，たとえ日本国籍に変更したとしても母国の国籍も維持されるが，日本は二重国籍を認めていないために，現状では，日本国籍を取得した外国人は母国（出身国）の国籍を喪失することになる。日本国籍に変更しない限り，参政権はないが，日本人と結婚した外国人配偶者は滞在許可および労働許可を取得できるので，日本国籍に変更しなくても，生活上支障はない。また，国籍変更には条件がある。なお，日本のパスポートは，入国・滞在許可（ビザ）の取得なしに多くの国に入国できるため，世界的に高く評価されている。

6）事例A1，A3，A5，E1，E5も，1年に1回程度，母国への一時帰国をしているが，母親の母文化継承への影響は不明確である。また，英語を習得している子どもの場合には，言語のみの習得であり，文化を習得しているわけではない。

7）母親の母語の習得レベルが日本語と同程度かどうかについてはここでは問わないが，ほんのわずかしか（例：単語）わからない場合は除く。

8）両親の出身国の国籍法との関係で決まってしまう国際児の国籍も子どもの言語・文化の習得（継承）に関係する。国籍は，子どもの将来の定住地や仕事（就労許可）に大きな影響を及ぼすので，子どもが日本国籍ならば，将来の子どもの居住地と推定される日本の言語・文化を中心に考える必要性がでてくるからである。このような居住地・国の法律の規定性も，子どもの言語・文化の習得（継承）についての母親の考え方を決める要因のひとつになる。

〈引用文献〉

今村祐子・高橋道子（2003）．外国人母親の精神的健康と育児ストレスとソーシャルサポートが与える影響　－日本人母親との比較　東京学芸大学紀要1部門，55，53-64．

箕浦康子（1984）．子供の異文化体験　思索社

鈴木一代（2000）．国際結婚女性の再社会化についての研究　－バリ島の日本人，ドイツ語圏出身者，英語圏出身者　東和大学紀要，24，209-222．

鈴木一代（2003）．国際結婚者の国籍変更と文化的アイデンティティ　埼玉学園大学紀要（人間学部篇），3，1-12．

鈴木一代（2004）．「国際児」の文化的アイデンティティ形成　－インドネシアの日系国際児の事例を中心に　異文化間教育，19，41-53．

鈴木一代（2006）．異文化間心理学へのアプローチ　－文化・社会のなかの人間と心理学　ブレーン出版

鈴木一代（2007）．国際家族における言語・文化の継承　－その要因とメカニズム　異文化間教育，26，14-26．

鈴木一代（2008a）．海外フィールドワークによる日系国際児の文化的アイデンティティ形成　ブレーン出版

鈴木一代（2008b）．複数文化環境と文化・言語の継承　－日系国際児の親の視点から　埼玉学園大学紀要（人間学部篇），8，75-89．

鈴木一代（2009a）．生涯発達におけるアイデンティティ　－関係性の視点から（「成人期

以降のアイデンティティの発達」および「成人期以降」)小島勝(編著)異文化間教育学の研究　ナカニシヤ出版　pp. 207-213, 236-242.
鈴木一代 (2009b). 成人期の文化間移動と生涯発達への影響についての研究　－異文化間結婚の場合　埼玉学園大学紀要(人間学部篇), **9**, 69-80.
Suzuki, K. (2010). Transferring to a new culture and the influence on cultural identity: A case of intercultural marriage. Presented at XXth Congress for International Association of Cross-Cultural Psychology, Melbourne, Australia, 09 July.

〈謝辞〉

第Ⅲ部の6章, 7章は, 2006年度の財団法人「明治安田こころの健康財団」の研究助成による研究を基にしている。「明治安田こころの健康財団」に深く感謝申し上げます。

結　論

　本書では，成人期（成人前期）に文化間移動をした異文化間結婚女性，すなわち，インドネシア在住のインドネシア男性と結婚した日本人女性（成人中期），米国・豪州在住のアメリカ人・オーストラリア人男性と結婚した日本人女性（成人後期），そして，日本在住の日本人男性と結婚した外国人女性（成人中期）をとりあげ，文化的アイデンティティについて生涯発達的視点から考察した。また，その際に，異文化間結婚女性の異文化適応・精神的健康や言語・文化の継承も視野にいれた。これらの女性たちの居住地や社会・歴史的背景はそれぞれ異なるが，異文化間結婚をしていること，成人初期に自身の出身国（母国）から夫の出身国（文化）に文化間移動し，その後もそこに居住し，成人中期から成人後期に至っていることでは共通している。

　各研究（調査）を実施した時期を時系列でみると，インドネシア在住の異文化間結婚の日本人を対象とした調査は，1990年代初頭に開始され，現在も継続しており，本書の基盤となる研究である[1]。当初，20代から30代だった調査参加者は，約20年を経過した現在，40代から50代に達している。インドネシア在住の異文化間結婚者の研究と平行して，1990年代後半の3年間にわたり，米国・豪州在住の異文化間結婚の日本人（"戦争花嫁"）の調査をおこなった[2]。調査参加者は，当時，すでに60代から70代（成人後期か成人後期間近）に到達していたため，成人初期に文化間移動をし，成人後期に至った異文化間結婚者の生活世界やライフストーリーを通して，生涯発達的視点から，海外在住の異文化間結婚者の（文化的）アイデンティティを把握した。また，2000年代後半には，日本に居住する，異文化間結婚の外国人女性を対象に調査を実施し，それまでに海外（インドネシアや米国）のフィールド調査等から得られた，異文化間結

婚者の文化的アイデンティティに関する知見をさらに深めた[3]。

　研究方法に関しては，仮説生成を目指す質的研究方法に重点を置いているが，具体的に用いた方法は，各国在住の異文化間結婚女性によって異なる。インドネシア在住の異文化間結婚者の研究には，縦断的フィールドワーク，ラポールの重視と援助，面接（半構造化・非構造化面接）と参与観察の反復，マクロ・ミクロ的視点などの特徴をもつ「文化人類学的-臨床心理学的アプローチ（CACPA）」（第Ⅰ部冒頭参照），米国・豪州在住の異文化間結婚者の研究には，面接法（半構造化面接）を中心に，補足的に質問紙法，そして，日本在住の異文化間結婚者の研究には，面接法（半構造化面接）を用いた。

　なお，この種の調査の参加者には，一般的に精神的・物質的に安定した人が集まる可能性が高いなどの偏りがあることが指摘されている。しかしながら，本書では，継続的フィールド調査によって，長期にわたり，同一の調査参加者を追跡するなかから（「文化人類学的－臨床心理学的アプローチ（CACPA）」得られた知見（インドネシア在住の異文化間結婚者の研究）を基盤に，さらに，そのほかの調査から得られた知見（米国・豪州の異文化間結婚者および日本在住の外国人異文化間結婚者の研究）を加え，総合的・多面的に検討することによって，文化間移動と異文化間結婚者（女性）の文化的アイデンティティに関する有用な知見を得ることができたと考える。

　本書は，序論，第Ⅰ部「インドネシア在住の異文化間結婚女性と文化的アイデンティティ」，第Ⅱ部「米国・豪州在住の異文化間結婚女性と文化的アイデンティティ」，第Ⅲ部「日本在住の異文化間結婚外国人女性と精神的健康，文化的アイデンティティ，言語・文化の継承」，そして，結論からなる。

　序論では，日本人がかかわる異文化間結婚と現状，および日本人がかかわる異文化間結婚に関するこれまでの研究について言及するとともに，本書の全般にかかわる主な概念，すなわち，「文化的アイデンティティ」「生涯発達的視点」「成人期」「文化間移動」「文化」について説明した。

　第Ⅰ部「インドネシア在住の異文化間結婚女性と文化的アイデンティティ」は4章からなる。

第1章では，異文化適応や文化変容として説明される現象を再社会化，すなわち，「自分が生まれ育って来た社会のなかでの社会化の後，異なる文化圏に移行し，そこで再び社会化がおこなわれること」（鈴木，1997，p.72）としてとらえ，インドネシア人と結婚し，インドネシアに文化間移動した異文化間結婚女性の再社会化の様相および，再社会化に影響を及ぼす要因について考察した。再社会化に影響を及ぼす主な要因として，①夫との関係，②夫の家族・親族との関係，③現地（人間，自然・社会環境）への愛着，④現地での居場所（生活手段を含む），⑤言語能力，⑥出身国（親を含む）との関係，⑦子どもとの関係や子どもの養育・教育があげられた。さらに，異文化間結婚女性の再社会化の類型として，「同国人志向」「現地人社会志向」「同国人・現地人社会双方志向」「孤立志向」「"インターナショナル"志向」「自国志向」「二国間移動志向」の7類型が見出されたが，ひとつの型にとどまるのではなく，流動的であることが指摘された。また，インドネシア人と結婚したドイツ語圏出身女性や英語圏出身女性と比較して，日本人女性の場合には，「現地志向型」が多いことが明らかになった。

　第2章では，国籍の選択（変更）に着目し，インドネシア人男性と結婚し，配偶者の出身国（地）に居住することになった日本人女性が，国籍を変更する理由，国籍変更に至る経緯とそれにともなう気持ちの変化，さらに，国籍変更と（文化的）アイデンティティとの関係について，事例研究による詳細な検討をおこなった。その結果，1）異文化間結婚者（女性）の国籍変更の理由は，「実生活上の便利さ」と「永住の決意（覚悟）」であり，両者の理由が複雑にからみあい，国籍変更に至ること，2）国籍変更に際しては，両親の存在（生存）が大きな要因になること，3）国籍を変更しても，日本人としての気持ちや考え方には変化がなく，むしろ日本人（元日本人）であることをより強く再認識することが明らかになった。国籍変更は，自分自身と日本（両親を含む）との関係，自分自身と新しい居住国との関係（自分の居場所をみつけられるかどうか）などを慎重に再吟味する過程であり，アイデンティティと深くかかわっていることが示唆された。

　第3章は，成人初期に日本からインドネシアに文化間移動し，成人中期を迎えた，インドネシア人を夫にもつ日本人女性が，時間の経過とともに，出身文

化(日本文化)と居住国文化(インドネシア)との間で,アイデンティティを形成していくプロセス(モデル),および,二文化の接触時における文化的アイデンティティの"ゆらぎ"のメカニズムをとりあげた。異文化間結婚者のアイデンティティ形成については,日本で形成されたアイデンティティが,二文化の接触によって,一時的に危機的状況に陥り,モラトリアムを経て,再統合(一時的な再統合/仮の再統合)されるが,二文化が接触するたびにそれが繰り返されることによって,ラセン的に再構築されていくというプロセス(モデル)を提示した。また,その際の重要な課題として,国籍変更(「永住の決意」)と永眠地を含む老後の居場所があげられた。次に,二文化接触時の文化的アイデンティティの"ゆらぎ"については,配偶者の国に移動した異文化間結婚者に文化的「ずれ」の感覚が生じる状況(二文化接触の状況)には,日本で社会化した異文化間結婚者と現地文化との「ずれ」と,現地文化化(インドネシア文化の内在化)した異文化間結婚者と新鮮な日本文化との「ずれ」の2種類があることを明確にし,文化的アイデンティティの"ゆらぎ"のメカニズムを示した。さらに,異文化間結婚者の場合には,単一文化におけるアイデンティティの発達モデルに,二文化の接触によって生じる重要な事柄(心理社会的課題)が加わることにより,アイデンティティの発達過程がより複雑になることが指摘された。

　第4章では,移動先のインドネシアで,成人中期を迎えた異文化間結婚の日本人女性が,現地文化との「ずれ」の感覚・意識にどのように対処していくか,また,そのことがその後の発達にどのような影響を及ぼすか,さらに,文化間移動をどのように評価しているかを検討した。まず,日本人として社会化した後に文化間移動をした異文化間結婚者は,新しい自然・社会環境に対する「ずれ」を感じ,それに,意識的・無意識的に「折り合い」(調整)をつけることによって,両文化のバランスを維持していた。しかし,「ずれと折り合い」の過程(体験)には,大きな個人差があり,それが個人の発達に異なる影響を及ぼしていた。また,成人中期の異文化間結婚者は文化間移動をしたことを肯定的に評価していたが,その主な理由として,生活基盤の存在,移動先の文化との相性のよさ,自己実現の可能性があげられた。なお,文化間移動への肯定的な評価には,「居場所」があるという感覚・意識がかかわっており,「実際的な

居場所」と「精神的な居場所」の両方か，どちらか一方の存在の必要性が示唆された。

　第Ⅱ部「米国・豪州在住の異文化間結婚女性と文化的アイデンティティ」，すなわち，5章では，日本における国際結婚（異文化間結婚）の先駆けである"戦争花嫁"をとりあげた。文化・社会・歴史的背景にも配慮し，米国人・豪州人と結婚し，国籍を変更し，米国・豪州に文化間移動をし，米国・豪州在住で成人後期を迎えた（あるいは，迎えようとする）日本人女性の文化的アイデンティティについて，事例研究を中心に，質問紙調査結果も用いて考察し，"戦争花嫁"が，両国（文化）の間で（文化的）アイデンティティを形成していくプロセス（モデル）を提示した。日本で社会化した"戦争花嫁"のこころの故郷は一貫して"日本"であり，"日本人"であることは精神的な支えとなっているが，実際の"居場所"は現在の居住地であるアメリカやオーストラリアにあり，そこに根をおろしていた。それゆえ，"戦争花嫁"は，「米国・豪州へ文化間移動をした，米国人・豪州人の夫をもつ，元日本人女性（かつて日本人だった女性）」としてのアイデンティティをもつと考えられた。

　第Ⅲ部「日本在住の異文化間結婚外国人女性と精神的健康，文化的アイデンティティ，言語・文化の継承」は，第6章と第7章の2章からなる。
　第6章では，日本人男性と結婚した異文化出身（アジアおよび欧米）女性の適応や精神的健康について明らかにし，異文化出身の女性（妻）がかかえる問題を把握するために，都市部在住の異文化出身女性を対象に半構造化面接を実施した。その結果，日本人男性との結婚については，異文化出身の妻の半分は肯定的であり，全体的な生活についても過半数が満足していた。他方，異文化出身の妻の6割はなんらかの心配事，不安，悩みをかかえており，日本人の夫にかかわる事柄が目立った。また，異文化出身の妻がかかえている問題（困難）としては，日本語や生活習慣に関する困難（結婚初期）のほか，日本社会（「男性優位・女性蔑視」「アジア蔑視」「仕事中心」「画一性」など），夫婦関係や家庭（「夫が家事を分担しないこと」，「夫が妻や家族とともに楽しく生活しようと努力しないこと」など），および子どもの養育・教育に関する問題があげら

れた。子どもの養育・教育については，「母親が外国人であることや子どもが日系国際児であることに関連して生じる問題」が最も多く，母親のストレスの原因になっていた。最後に，地域社会を中心とする異文化出身の母親も視野にいれた子育て支援システム，今後高齢化する異文化出身の妻たちへの支援システム，発達障害や問題行動のある日系国際児への支援システムなどの整備とともに，仕事中心社会である日本社会が構造的に変化する必要性が指摘された。

　第7章では，日本人男性と結婚し，夫の出身国である日本（都市部）に，長期にわたり（10年以上）居住している外国人女性（成人中期）を対象に，居住地である日本および出身地である母国に対する気持ちを中心にとりあげ，文化的アイデンティティ，および言語・文化の継承について言及した。異文化間結婚の外国人女性の文化的アイデンティティは，「日本に住み，日本人の夫をもつ，母国人（××人）」としてのアイデンティティであること，（文化的）アイデンティティの基盤（根底）には，「母国人としてのアイデンティティ」が保持されていること，時間の経過とともに，二つの文化は，個人のなかで，「ブレンド（blend）」されていくことが示された。また，言語・文化の継承については，海外在住の日本人異文化間結婚者（母親）の場合と同様に，日系国際児の言語・文化は居住地の言語・文化によって大きく既定されること，また，子どもの言語・文化の習得（継承）には，異文化出身である母親の言語・文化・教育についての考え方が大きな影響を及ぼすことが明らかになった。

　すでに述べたように，本書でとりあげた異文化間結婚の女性たちの居住地や社会・歴史的背景はそれぞれ異なるが，異文化間結婚をし，成人初期に母国から配偶者の出身国（文化）に文化間移動し，成人中期から成人後期を迎えていることでは共通している。総合的すると，成人初期に文化間移動をした異文化間結婚女性の文化的アイデンティティについて，次のようなことが言える。

　1．成人初期までに母国人として社会化した異文化間結婚女性（成人中期〜成人後期）のこころの故郷は，たとえ，海外に居住していたとしても，一生を通して母国であり，（文化的）アイデンティティは，「○○国（現在の居住地）に住み，○○人の夫をもつ，母国人」であり，その基盤（根底）には，程度の差はあるが，「母国人としてのアイデンティティ」が保持されている（第4章，

第5章，第7章)。また，母国人であることへの強い意識（アイデンティティ）が，異文化で生活する異文化間結婚者の大きな精神的なささえとなっている（第5章，第7章）。

2．異文化間結婚者は，「ずれと折り合い」の過程（体験）（第4章），すなわち，母国人として社会化した異文化間結婚者が新しい文化のなかで体験する自然・社会環境における「ずれ」に，意識的・無意識的な「折り合い」をつける作業を通じて，二つの文化の視点を獲得し，それを維持しながら，自身のなかの両文化のバランスを保っていくことになる。その過程は一生涯続き，時間の経過とともに，母文化が減少（風化）し，居住国文化が増加するなかで，両者のバランスが維持されていくことが推察される。言い換えると，「母国人としてのアイデンティティ」を保持しながらも，時間の経過とともに，二つの文化は，個人のなかで，「ブレンド（blend）」（第7章）されていく。

なお，二文化接触時における，異文化間結婚者の文化的「ずれ」の感覚は，文化的アイデンティティの"ゆらぎ"のメカニズムによって説明された（第3章図2）。その際，文化的「ずれ」の感覚が生じる状況（二文化接触状況）には，母国で社会化した異文化間結婚者（文化）と現地文化との「ずれ」と，現地文化化（現地文化の内在化）した異文化間結婚者と新鮮な日本文化との「ずれ」があることが明確になった。文化的アイデンティティの"ゆらぎ"のメカニズムについては，今後，さらに精緻化するとともに，より包括的な説明を構築する必要があろう。

3．「居場所」は自分らしく生き生きとしていられる場所であるが，「居場所」には，「実際的な居場所」と「精神的な居場所」があり，文化間移動への肯定的な評価には，少なくてもどちらか一方の存在が必要であることが推察された（第2章〜第4章，第7章）。また，「居場所」（あるいは，「居場所」があるという感覚）が文化間移動をした異文化間結婚女性の文化的アイデンティティにも関係しており，重要な意味を持つことが示唆されたが，両者の関連は，今後，さらに検討しなければならない課題である。

4．文化間移動をした異文化間結婚者のアイデンティティ形成は，日本で形成されたアイデンティティが，二文化の接触と再統合（一時的な再統合／仮の再統合）の繰り返しによって，ラセン的に再構築されていくプロセス（モデル）

である(第3章図1)。その際,国籍変更(「永住の決意」)と永眠地を含む老後の居場所が重要な課題(危機)となる。特に,国籍変更は,異文化間結婚者(女性)にとって,自分自身と日本(両親を含む)との関係,自分自身と新しい居住国との関係(「居場所」)などを慎重に再吟味する過程であり,アイデンティティと深くかかわっていることが示唆された("戦争花嫁"の場合は,異文化間結婚をするということは国籍を変更することを意味しており,したがって,結婚自体が大きな危機だった)。なお,国籍を変更した異文化間結婚者は,母国人(元母国人)であること(母国人意識)をより強く再認識していた(第2章,第5章,第7章)。さらに,成人中期の進行にともない(成人後期に近づくにつれ),現実の「居場所」(「実際の居場所」)だけではなく,老後の「居場所」,あるいは,死後の「居場所」が新たな課題となり,アイデンティティ発達に重要な影響を及ぼすことも推察された。

なお,文化間移動にともなうアイデンティティの発達過程は,単一文化のなかでのアイデンティティの発達モデルに,二文化の接触によって生じる心理社会的課題が加わるため,より複雑になるが,成人中期から成人後期に移行,あるいは,成人後期が進行するなかで,同一対象者(異文化間結婚女性)への追跡的な研究によって,生涯発達的視点から,異文化間結婚者の(文化的)アイデンティティ形成のプロセスをさらに明確化していくことが必要であろう[4]。

上記にあげた以外の今後の課題としては,本書では,文化間移動をした異文化結婚女性をとりあげたが,異文化間結婚の男性の文化的アイデンティティにも着目することにより,本書の知見を発展させていくことや,母国との精神的距離を縮める可能性をもつインターネット等の通信技術の発達が及ぼす影響を考慮にいれたうえで,文化間移動をした異文化間結婚者の文化的アイデンティティ形成を検討していくことがあげられる。さらに,将来的に異文化間結婚者のますますの増加が予想されることからも,本書の知見を異文化間結婚者の異文化適応やwell-beingへの支援に生かしていくことが望まれる。

〈注〉
 1) 著者は，1990年代初頭から，インドネシア・バリ州で，日イ国際家族，すなわち，日本人とインドネシア人の夫婦とその子どもからなる家族を対象にフィールド調査を継続している。調査の主な目的は，日本人異文化間結婚者の適応と（文化的）アイデンティティ，および子ども（日系国際児）の言語・文化習得と文化的アイデンティティ形成を明らかにすることである。本研究はその一環である。
 2) 平成8年度～平成10年度科学研究費補助金（国際学術研究）による「海を渡った花嫁たち　－戦争花嫁のプロフィール」（研究代表者：植木武）の研究成果の一部である。
 3) 2006年度の財団法人「明治安田こころの健康財団」の研究助成による研究成果である。
 4) 文化間移動をした異文化間結婚者女性（母親）の言語・文化の継承については，別の機会に改めて論じたい。

〈引用文献〉
鈴木一代（1997）．異文化遭遇の心理学　ブレーン出版

初出一覧

本書のもとになった研究論文は，以下の紀要等に掲載されたものであるが，執筆に際し，加筆修正をおこなった。

序論 書き下ろし

＜第Ⅰ部＞
第1章
鈴木一代（2000）．国際結婚女性の再社会化についての研究 －バリ島の日本人，ドイツ語圏出身者，英語圏出身者 東和大学紀要，26，189-198.
第2章
鈴木一代（2003）．国際結婚者の国籍変更と文化的アイデンティティ 埼玉学園大学紀要（人間学部篇），3，1-12.
第3章（一部）
鈴木一代（2006）．文化移動と文化的アイデンティティ －異文化間結婚の場合 埼玉学園大学紀要（人間学部篇），6，83-96.
第4章（一部）
鈴木一代（2009）成人期の文化間移動と生涯発達への影響についての研究 －異文化間結婚の場合 埼玉学園大学紀要（人間学部篇），6，83-96.

＜第Ⅱ部＞
第5章 書き下ろし

＜第Ⅲ部＞
第6章（一部）
鈴木一代（2007）．国際結婚者の適応と精神的健康 －異文化出身の妻の場合 研究助成論文（明治安田こころの健康財団），42，76-85.
第7章第1節・第2節・第4節 書き下ろし
第7章第3節（一部）
鈴木一代（2010）．日系国際児の言語・文化の継承についての研究 －外国人の母親の場合 埼玉学園大学紀要（人間学部篇），9，99-111.

結論 書き下ろし

事項索引

あ

アイデンティティ（identity） 8, 44
　——形成のプロセス 51, 52, 170
　——の感覚 8, 113, 134
　——の危機（的状況） 52, 60, 64
　——の発達 8
　——モデル 170
意識的・無意識的な「折り合い」（調整） 169
移住者 64
一時滞在者 24, 64
位置取り 7
意図的な介入 156
居場所 7, 24, 39, 42, 53, 64, 72, 75, 76, 77, 103, 107, 131, 143, 159, 166, 167, 169, 170
　——があるという感覚・意識 77
　死後の—— 65, 170
　実際的な（実際の）—— 72-77, 104, 107, 131, 143, 166, 169, 170
　精神的な—— 72-77, 104, 107, 127, 131, 143, 167, 169
　老後の—— 51, 53, 61, 64, 104, 166, 170
異文化間カウンセリング 128, 130
異文化間結婚（国際結婚；cross-cultural marriage/intercultural marriage） 1, 2, 141
　——者のアイデンティティ形成 166
　——女性の文化的アイデンティティ 168
　——の持続率 29
　——への態度 142

　——への評価 77, 94
異文化間ソーシャルワーク 128, 130
異文化適応 5-7, 19, 64, 163, 165, 166
インターナショナル・スクール 22, 28
インターナショナル志向 21, 22, 23, 25, 165
インターマリッジ（intermarriage） 1
well-being 170
永住者 15, 18
永住・土着化志向者 23
永住の決意（覚悟） 36, 42, 50, 61, 64, 138, 165, 166, 170
援助・支援 17
親子の相互作用 145
親自身の志向性 145
折り合い（調整） 67-69, 71, 76, 166

か

外国人女性の文化的アイデンティティ 135, 168
下位文化間の移動 8
家族との絆 105
語り 100
価値観 70, 71, 117
家庭内主言語 153
家庭の言語使用 146, 147
仮住い 143
カルチュア・ショック 47
　——のプロセス 64
カルテ 17
関係性 46, 65
危機 53, 71, 76
　——と再体制化（再統合） 8

事項索引

聞き取り調査　31
境界化（marginalization）　28
共通事例　46, 51, 62
居住国・地の規定性　145, 155
居住国文化　166, 169
居住地の言語　147, 155
　　──・文化の規定性　156
経済的展望　26, 27
KJ法　113, 134
継続的フィールド調査　164
結婚生活の持続率　26
結婚についての評価　116
言語・文化の継承（習得）　7, 133, 144, 145, 148, 155, 158-160, 163, 167, 168, 171
健康　112
現地（人）社会志向　21, 23, 25, 27, 165
現地文化化（現地文化の内在化）　65, 169
現地文化との「ずれ」　66
現地への愛着　24, 169
皇室の存在　105
国際家族（国際結婚家族）　5, 24, 131, 144, 145
国際結婚第一世代　20, 28, 31, 131
国際結婚第二世代　28
国際児　125, 145, 149, 152, 155, 157, 158
　　──としてのアイデンティティ　145, 157
　　──の文化　156
国籍　160
　　──の選択　145, 165
　　──変更　6, 31, 33, 34, 40, 42, 43, 44, 46, 48, 50, 53, 61, 64, 137, 143, 158, 165, 166, 170
　　──と（文化的）アイデンティティ　165
　　──の理由　33, 42, 138, 165
　　──への考え方　142
　　──法　30, 146, 160
こころの故郷　168

個人差　75
子育て支援システム　128, 130, 168
子どもの発達や（問題）行動　125
子どもの養育・教育　123, 124, 129, 130, 167, 168
個別カード　17
孤立志向　21, 22, 23, 25, 165
コレスポンデンス・スクール　22, 23

さ

再社会化（再文化化）　6, 19, 28, 29, 64, 144, 165
　　──に影響を及ぼす要因　19, 21, 24, 25, 27
　　──の様相（類型）　19, 21, 23, 27, 130, 165
再統合　52, 53, 54, 60, 64, 166
　　──（一時的な再統合／仮の再統合）　64, 166, 169
在留邦人　15, 24
三国間移動型　9, 169
参与観察の反復　164
CACPA　17
ジェンダー　4
自我アイデンティティの感覚　8
自己　65
自国（出身国）志向　21, 22, 23, 165
自国に対する愛着　25
自己実現　25, 26, 74, 75, 76, 166
自信（confidence）　8
死生観　70
自然・社会環境　166
実生活上の快適（便利）さ　36, 42, 50, 138, 165
質的研究　9
　　──法（方法）　9, 164
質問紙法（質問紙調査）　7, 82, 164
社会・文化環境　82
社会化（文化化）　19, 27, 69, 76, 103, 142

——のエイジェント　156
社会環境　67, 77
社会的アイデンティティ　7
視野の広がり　71
縦断的（な）フィールドワーク　64, 164
重要な他者との関係性　65
主言語　145, 155, 156
Stammtisch　29
主文化　145
生涯発達　66, 77
　　——心理学　61
　　——的視点　6, 8, 105, 163, 164, 170
事例研究（ケース・スタディ）　17
心理・社会的課題　64, 166, 170
ステレオタイプ　93, 121
ずれ　55, 56, 58, 59, 61, 66-69, 71, 76, 169
　　——と「折り合い」の体験（過程）
　　　69, 76, 77, 142, 166, 169
　　——の生涯発達への影響　71
　　——と「折り合い」（調整）の様相
　　　68
　　——による危機　71
　　——の受け取り方の個人差　70, 71
　　——の感覚（・意識）　65, 66, 166
生活世界　163
生活への満足度　94, 98
成人期　8, 63, 164
　　——のアイデンティティ　44
成人後期（老年期）　8, 94, 105, 163, 168, 170
成人初期　168
成人前期　8
成人中期　8, 163, 168
精神的・文化的環境　77
精神的健康　7, 111, 116, 127, 129, 163, 167
性役割観　5
性役割期待　26, 27
戦前の日本の価値観　93
"戦争花嫁"　2, 81, 163, 167, 170

　　——のアイデンティティ　103
　　——の意識（気持ち）　94
　　——の生活世界　83, 84
　　——の態度　82
　　——の特徴　92
　　——の文化的アイデンティティ　81
　　——のライフヒストリー　81

た

第一言語　145, 148, 149, 155
　　——・文化　5
第一文化　145, 155
第二言語　148, 149
WHO（世界保健機構）　112
単一文化におけるアイデンティティの発達
　　モデル　166
単一文化のなかでのアイデンティティの発
　　達　54, 65
長期滞在者　15, 18
長期的・縦断的フィールドワーク　17
調整課題　5
適応　111, 116, 127, 129, 167
典型事例　62
同化（assimilation）　28
統合（integration）　28
同国人・現地人社会双方志向　21, 22, 23, 165
同国人志向（同国人コミュニティ志向）
　　21, 23, 25, 165

な

二国間移動型　3, 4
二国間移動志向（文化間移動志向）　21, 22, 23, 25, 28, 165
二重国籍　30, 43, 146, 160
二重社会化　23, 29
日系国際（結婚）家族　145, 155, 158
日系国際児　15, 17, 123, 133, 168
　　——の言語・文化　168
　　——の特徴　146

178　事項索引

──への支援システム　168
二文化環境　54
二文化接触　52, 53, 54, 61, 64, 65, 103, 166, 169
　──状況　169
二文化の「ブレンド」　144
二文化（母国と日本）への気持ち　142
二文化のバランス　68, 71, 72, 76, 143
日本　167
　──語教室　128
　──語の継承　154
　──語補習授業校　16, 17, 18, 27
　──社会の排他性　143
　──の「国際結婚」の変遷　1
　──人　167
　　──・日系人コミュニティ　16
　　──会　16, 17, 27, 29
　　──学校　18
　　──としてのアイデンティティ　105
人間環境　77
農村の外国人花嫁　4

は

バイリンガル　124
　──・バイカルチュラル　151
　──・スクール　27, 28
発達障害　168
花嫁学校　89
母親の言語・文化・教育についての考え方　168
母親のストレス　130
バランス　69
半構造化面接　7, 45, 66, 82, 112, 129, 134, 164
非構造化面接　31, 45, 66, 164
一親一言語　157
フィールド調査（フィールドワーク）　6, 17
フィールドノーツ　17, 31

複数文化環境　145
二つの文化と（文化的）アイデンティティ　105
二つの文化の視点　68, 69, 169
ブレンド（blend）　144, 159, 168, 169
文化　9, 45, 66, 140, 146, 164
文化化　60
文化間移動　8, 44, 63, 163, 164
　──志向　23
　──とアイデンティティ形成のプロセス　64
　──と生涯発達への影響　63
　──への評価　72, 77
文化実践　5, 45
文化・社会・歴史的視点　17
文化人類学　17
文化人類学的‐臨床心理学的アプローチ（CACPA：Cultural Anthropological-Clinical Psychological Approach）　17, 21, 31, 45, 66, 164
文化的アイデンティティ（cultural identity）　7, 8, 31, 40, 44, 77, 133, 164
　──形成　5, 17
　──形成のプロセス　6, 104
　──の葛藤　8
　──の基盤（根底）　144, 168
　──の"ゆらぎ"　45, 54, 61, 62, 66, 77
　──の"ゆらぎ"のメカニズム　6, 54, 60, 61, 65, 166, 169
　──の発達　8
文化適応　170
文化的帰属感　31, 40, 44
　──・帰属意識　7, 8
文化的距離　119
文化的準拠枠　64, 106
文化的「ずれ」の感覚　169
文化同一性障害　73, 77
文化の規定性　156
文化変容　19, 28, 64, 165
　──ストレス　64

偏見・差別　104
包括的・複合的な関係性　65
母語　148, 151, 153, 155, 158
母国　140, 143, 148, 151
　　——人としてのアイデンティティ
　　　159, 168, 169
　　——人としての意識　137, 142
　　——への意識　142
ホスト国　156
ホスト文化　44
ホスト文化化　143, 158
　　——のプロセス　143
母文化（出身文化）　54, 77, 140, 143,
　　　148, 151, 153, 158, 165
本住まい　143, 158

ま
マクロ・ミクロ的視点　17, 164
満足度　118, 125

メタ文化認知　55, 57, 60
面接（面接調査，面接法）　45, 82, 164
　　——と参与観察の反復　17
元日本人女性　144
モラトリアム　52, 53, 60, 64, 103, 166
問題行動　168

ら
ライフストーリー　107, 163
ライフヒストリー（生活史）　7, 83, 84,
　　　107
ラセン式発達モデル　44
ラポール　17
　　——の重視と援助　164
離婚率　29
離脱（separation）　28
リピーター　22
臨床心理学的手法　17
臨床的面接　17

人名索引

A
Adler, P. S.　64
浅井亜紀子　62

B
Berry, J. W.　19, 28, 64
Bochner, S.　63
Breger, R.　1

E
江淵一公　23
Erikson, E. H.　8, 44

F
Fontaine, G.　5
Franz, C. E.　44
藤原喜悦　17, 66
Furnham, A.　63

H
Hall, S.　7
Hardach-Pinke, I.　4
Hill, R.　1

I
今村祐子　130, 159
稲村博　64
石河久美子　128

J
Jahoda, G.　9

Josselson, R. L.　44

K
嘉本伊都子　4, 9
菊池章夫　64
北山忍　64, 106
Kluckhorn, C.　9
近藤裕　77
桑山紀彦　4

M
マツモト, D.　9
箕浦康子　7, 8, 9, 143

N
新田文輝　1, 4, 81, 93
Nitta, F.　1

O
Oberg, K.　47, 64
岡本祐子　8, 44, 54

R
Refsing, K.　4

S
賽漢卓娜　4
桜井厚　107
佐藤郁哉　82
スタウト梅津和子　81

鈴木一代　1, 4, 7, 9, 17, 19, 30, 50, 52, 53, 58, 64, 66, 77, 104, 107, 111, 112, 124, 127, 134, 138, 142, 144-146, 156-158, 165
Suzuki, K.　17, 52, 58, 64, 66, 104, 142

T
Tajfel, H.　7
高橋順子　124
高橋道子　130, 159
竹下修子　4, 9
Tamura, K.　4, 81
Tylor, B. B.　9

U
植木武　4, 81, 106, 107

W
渡辺文夫　9, 29
White, K. M.　44

Y
矢吹理恵　4, 5
安富成良　81
吉田正紀　1

◆著者紹介

鈴木一代（すずき　かずよ）
ドイツ国立ケルン大学大学院博士課程修了（心理学，精神病理学，教育学専攻）
Dr. rer. nat.（心理学博士）
埼玉学園大学人間学部教授
専門領域：異文化間心理学，発達社会心理学，比較精神病理学
主要著書：
『こころへの認知マップ』（共著，1994，垣内出版）
『異文化接触の心理学　―その現状と理論』（共著，1995，川島書店）
『異文化遭遇の心理学　―文化・社会の中の人間』（単著，1997，ブレーン出版）
『異文化間心理学へのアプローチ　―文化・社会のなかの人間と心理学』
　（単著，2006，ブレーン出版）
『海外フィールドワークによる日系国際児の文化的アイデンティティ形成』
　（単著，2008，ブレーン出版）
他

埼玉学園大学研究叢書 第5巻
成人期の文化間移動と文化的アイデンティティ
異文化間結婚の場合

2012年2月20日　初版第1刷発行　　　定価はカヴァーに表示してあります

著　者　鈴　木　一　代
発行者　中　西　健　夫

発行所　株式会社　ナカニシヤ出版
〒606-8161　京都市左京区一乗寺木ノ本町15番地
Telephone 075-723-0111
Facsimile 075-723-0095
Website http://www.nakanishiya.co.jp/
Email iihon-ippai@nakanishiya.co.jp
郵便振替 01030-0-13128

Copyright©2012 by K. Suzuki　　装幀／白沢　正
　　　　　　　　　　　　　　　　印刷・製本／西濃印刷㈱
＊落丁本・乱丁本はお取り替え致します。
ISBN978-4-7795-0625-3　Printed in Japan.

本書のコピー，スキャン，デジタル化等の無断複製は著作権法上での例外を除き禁じられています。本書を代行業者等の第三者に依頼してスキャンやデジタル化することはたとえ個人や家庭内の利用であっても著作権法上認められておりません。